如何开一家小而美的店

陈国圹 著

机械工业出版社

开店、实现财务自由，是很多人的向往。但现实是，很多人凭着一腔热血贸然开店，结果赔了夫人又折兵。论开店，"小而美"才是新手开店的最佳方式。"小而美"不仅是普通人开店的世界观，还是一种方法论。"小"是指投资风险控制在自己的承受范围内，并且模式要简单，易于操作、复制和扩张。"美"则不仅强调店铺的盈利能力，更强调店铺自身能力和资源与顾客需求的匹配。

开一家成功的店并不容易，但也有办法可循。

本书从开店前筹划、开店选址、开业规划，到开业后运营四个方面把"小而美"店铺背后的逻辑展示给读者，使读者在开店前就搭建好框架，先把店"开"在脑海里，确保不走大的弯路。同时，本书也会结合大量案例讲解如何选择项目，如何以最低成本入门，如何获得好产品，如何蹲点数人流，如何做盈亏演算，如何租赁店铺不吃亏，如何开业一炮打响，如何日常运营，如何面对竞争，如何分析店里的问题，并找到解决方案。只有把这一件件小事都做好了，开店的成功率才会提高。

图书在版编目（CIP）数据

如何开一家小而美的店 / 陈国圹著. —北京：机械工业出版社，2021.10（2024.5重印）
ISBN 978-7-111-69490-8

Ⅰ.①如⋯ Ⅱ.①陈⋯ Ⅲ.①商店-商业经营 Ⅳ.①F717

中国版本图书馆 CIP 数据核字（2021）第 216974 号

机械工业出版社（北京市百万庄大街22号 邮政编码100037）
策划编辑：侯春鹏　　　　　责任编辑：侯春鹏
责任校对：黄兴伟　　　　　责任印制：邰　敏
三河市航远印刷有限公司印刷
2024年5月第1版第7次印刷
169mm×230mm · 16.25印张 · 1插页 · 221千字
标准书号：ISBN 978-7-111-69490-8
定价：65.00元

电话服务　　　　　　　　　　网络服务
客服电话：010-88361066　　　机 工 官 网：www.cmpbook.com
　　　　　010-88379833　　　机 工 官 博：weibo.com/cmp1952
　　　　　010-68326294　　　金 书 网：www.golden-book.com
封底无防伪标均为盗版　　　　机工教育服务网：www.cmpedu.com

前 言
preface

上班还是开店？要纠结的东西太多了

很多人都会有开店的想法，但是迟迟行动不起来，因为现实中要考虑的问题有很多，举下面三个案例：

（1）家庭开支大，纠结是否全职开店，怕失败。

老陈，我现在在一个四线城市工作，每个月工资大约1万多元，有房贷，开销不小，一直想开个店。因为平时工作比较轻松，时间也充裕，所以准备花费几个月时间慢慢研发打磨自己的产品。

现在纠结要不要辞职，一旦辞职就没有退路了，也失去了经济来源。在我们这里找个看店的店员每个月要付5000元钱左右的工资，招店员做还是自己看店，是我纠结的一个方面。

想过自己全职全身心投入，但是怕一开始生意不好，压力太大。如果招人，又怕招不到好的人。最开始几个月没生意，工资都付不起。

（2）宝妈，年龄稍大，开店是希望有时间陪孩子。

老陈，您好！想请教您一个关于找工作还是自己开店的问题。

我今年已经37岁了，由于生二胎在家待了一年多时间，现在重新找工作很难找到理想的，这让我感到非常焦虑。我近10年都从事与销售相关的工作，手里也有一点积蓄，所以产生了开店的想法。

想学花艺开一家花店，一是因为自己喜欢；二是觉得目前的年龄段还是要自己做点什么才是长久之计；三是希望能有时间陪伴孩子。但是在新冠肺炎疫情期间，贸然投资我又有所顾虑。

现在也有公司请我去上班，给的工资也比较高，但要经常加班。特别纠结是该去学习如何开店还是先将就着上班。如果去上班，我知道一段时间后我可能还是想辞职，还请老陈指点迷津。

(3) 迷茫，收入所剩无几，不知道如何走出第一步。

有没有人和我是一样的：在一线城市上班，有房贷，有小孩，工资收入听起来很多，但每个月除掉房贷和生活开支后所剩无几？

朝九晚五地工作，看不到晋升的机会，工资增长缓慢，跟不上快速增加的生活开支。想要辞职出去自己创业，可是连个项目也没有，内心又不甘于打工。究竟应该如何迈出第一步？

看完这三个案例，估计很多想开店的人都有同感。因为大家考虑的东西都差不多，要克服的困难和心理障碍也差不多。

我在开店前，在一家知名公司工作了6年，当时有个现在看来很可笑的担心，就是害怕自己离开了公司可能会过得很惨，觉得没有这份工作，就无事可做了。

说实在的，那时候视野真的很窄，对公司很依赖，不相信自己有养活自己的能力。所以，在公司很上进很用心，对领导很畏惧，有什么委屈也忍着。刚毕业的那几年工资很低，基本每个月有10天是靠透支信用卡度过的。但当时即使那么窘迫，也丝毫没有离开公司的想法。

2012年年底，我爱人有段时间刚好比较闲。我就说："我们现在攒了些钱，是不是可以做点什么？要不开个店吧，你去管理，我仍旧上班。"她也厌倦了上班的生活，我们一拍即合，就这样干起来了。

首先得说明一下，在以前的职业生涯规划里，我从没有想过自己会开店。虽然经常和朋友说创业的事，但也就是闲时"吹牛"而已。我当时的目标还是成为一名出色的职业经理人。

后来为什么我辞职开店了呢？说起来多少有点被逼无奈的味道。

第一次开店因为我缺少经验，在起步的时候状况太差了。房租和人工每天的成本至少3500元，但开店第一个月每天的营业额在1300~1500元徘徊，固定成本都赚不回来；产品出品慢，顾客严重不满，甚至还咒我们迟早倒闭；自己不懂餐饮，产品线全都是厨师说了算；下水道经常堵，堵一次就"水漫金山"，顾客不敢进店。每天都感觉店铺摇摇欲坠，我觉得我爱人撑不下去了。

倒闭认栽，也是可选项。但如果这个时候关门，结果是很惨的，因为已经把工作多年的积蓄全部投进去了。放弃，就等于一切归零。我觉得这时候我必须全心投入了，于是果断辞职。

所以，全职开店对我来说其实有点无奈。我低估了开店这件事情的难度，开店的投入超出了自己的风险承受范围。开店前的准备也不充分，营业额严重不达预期，让我骑虎难下，最后只能破釜沉舟。

后来这个店虽然盈利了，但最终我还是放弃了，前后维持了一年时间。因为缺少顶层规划，这个店有太多的先天性缺陷，无法补救。同时发现这样开店不是我想要的生活，做生意也不应该是这样子的，第一次开店就这样以失败告终。虽然失败了，但是我学到了很多东西，现在经营店铺的很多理念和方法都是那时候形成的。我经常说，这一年的经历，不亚于读了一个商学院。

回顾起来，第一次开店不成功主要因为无知。代价当然也很惨痛：亏钱，失去了一份不错的工作，离开了一直想留下来的城市，甚至改变了我的人生轨迹。

离职时，我心想，如果开店失败了，大不了再回头找一份工作。但是开店一年后，我发现我已经不是一年前的我了。那一年，彻底改变了我对生活和许多事情的看法，能力也得到了快速提升。以前觉得离开公司就不能活了，后来发现原来我也可以有自己的事业，可以按照自己的意愿改变很多东西。于是我选择继续开店，一部分是出于不服输的心理，同时也想继续验证自己的一些想法。

还有就是，开店后自己就是老板，那种命运由自己掌控的感觉，即使压力重重也挺好。内心的充实和自由，是以前上班时无法体验到的。

后来为了保存实力，我采取了"农村包围城市"的策略，来到一个五线城市开店。有了第一次开店的经验和教训，第二家店开得就顺利多了。从那时起，我的生活才开始恢复正常，然后又从五线城市发展到二线城市，逐渐步入正轨。

所以，是上班还是开店，我有以下四点想说：

(1) 不要问别人自己要不要开店，如果内心有这个疑问，说明没想清楚自己想要什么。

这个问题真的要扪心自问，自己想过什么样的生活。因为这个问题，别人是无法给出答案的。亲人担心你开店受苦受累，会夸大开店的困难，也会拿可能的失败吓唬你；成功者会告诉你开店的各种好，让你产生无限的遐想；失败者会给你描述各种困难，让你迷茫、焦虑、不知所措。

你看到的和听到的，都不是事情的全貌，因为每个开店背后的故事都是不一样的；你的故事要靠你自己去创造，你的梦想要靠你自己去编织。生活和事业，归根结底是自己创造的。

有人问过我，后不后悔开店？我的回答是："即使在最低谷的时候，我也没有后悔过，而且自己选择的路，错了也不应该后悔。"开店笔记社群里有一万多名老板，我对他们做过调研，发现很少有人因为开店而后悔。有些人即使开店失败了，回到单位工作，也时刻准备着重整旗鼓。开店，好像会上瘾。

（2）如果要开店，就要做好失败的准备。

不用担心开店是否会失败，因为失败是大概率事件。只要你想走开店这条路，想改变自己的人生轨迹，这个学费很可能要交。

但是有三点是可以做到的：

第一，学费可以少交点。第一次开店，要以控制风险为主，少投入，即使失败了，以后也可以东山再起。

第二，提高开店成功的概率。现在开店失败率高是因为不懂开店的人或者盲目开店的人太多了。如果多储备点开店做生意的知识，并且做好充足的准备，是可以大大提高成功概率的。

第三，要把焦点放在自我成长上。第一次开店，一定会遇到各种不顺的事情，不能有困难就放弃，而是要坚持一段时间去改变现状，直到无能为力为止。在这个过程中，老板的个人能力会得到极大提高，为以后开店做了更好的准备。

做事要有底线思维。如果开店前你把失败这个最坏的结果都想好了，那就没有什么可怕的。事实上，一旦你做了最坏打算，就会做最好的准备，所以结果往往不会太差。

（3）开店后，短期内自由时间会更少，长期看会更多。

有人说，开店是为了有更多的时间陪孩子和家人，有这种想法的人估计会失望一段时间。

上班的人有周末，还有节假日，晚上还可以准时回家。开店后自己就是老板，就有操不完的心，做不完的事。尤其是开店的早期，生意还在摸索阶段，老板个人能力还没有锻炼出来，所以没事都要找事做，只会比上班的人更忙。

但是，早期的各种折磨和焦虑，在未来会给你丰厚的补偿。当你的生意逐渐稳定，口碑建立，有了稳定的顾客以后，一个店就成为一个自动运转的机器，你的自由时间就会多起来。以前你羡慕上班族，那时上班族可能就会羡慕你。

（4）开店还是上班，不是一个二选一的问题。

因为开店未必就一定要在店里，也可以找合伙人，设计好股份和安排好分工，由合伙人管理店里的具体事务。

如果没有合伙人，指望店长和员工处理好一切，自己做个甩手掌柜，这不是不可能，而是难度比较大。早期店里的很多事情需要老板亲力亲为。老板如果前期就撒手不管，就很容易被店员"坑"。

开店作为一种低门槛的创业形式，很适合作为普通人群踏踏实实拥有一份属于自己的事业的起点。虽然开一家成功的店不容易，但还是有方法可循的。

接下来我会按照开一家店的时间顺序分解开店的每个环节：从开店前筹划，到开店选址、开业规划，到开业后运营，把开一家店的流程掰开揉碎了展示出来，让你在开店前知道什么事情是决定性因素，什么事情要优先考虑；让你不仅知道做什么，还知道如何做，更知道为什么做，理解每件事情的本质及其背后的逻辑，最后达到举一反三、融会贯通的境界。

我希望为你在开店前搭建一个框架，从一开始就系统地考虑问题。做顶层设计，把店开在"脑海"里，确保不走大的弯路；框架设计及其中的每件事也很重要，所以本书会讲解如何选择项目，如何加盟，如何以最低成本入门，如何获得产品，如何蹲点数人流，如何做盈亏演算，如何租赁店铺不吃亏，如何开业一炮打响，如何面对竞争，如何分析店里的问题并找到解决方案。只有把一件件小事做好了，开店的成功率才会提高。

　　为了帮你更好地理解知识点，本书的案例会特别多，而且，每个案例都是真实的，其中有我自己开店的经历，有我长期观察的案例，也有很多来自开店笔记社群里全国各地各行各业老板们的案例。**案例里有真实的人，真实的困难，真实的情感，真实的成功和失败。通过活生生的案例来演绎开店理念，是本书的特色之一。**

　　这本书的完成前后共历时四年，希望你读完之后有一种通透的感觉，并能对自己说："开店不过如此，我的生活从此以后也可以不一样。"

陈国圹

2021 年 5 月

目 录

前言
上班还是开店？要纠结的东西太多了

第 1 篇
开店前筹划：一家店能不能开成，开店前就知道了

第 1 章　弄清楚一家店的"人""财""物" / 002

1.1　项目的选择 / 002
1.1.1　关于开店项目选择的常识性思考 / 002
1.1.2　考察一个项目，如何判断其好坏 / 006
1.1.3　一个具体的位置如何选择合适的项目 / 008

1.2　开店到底要不要加盟 / 010
1.2.1　加盟大概率会遇到坏加盟公司 / 010
1.2.2　加盟店会让设备、物料、原材料成本居高不下 / 011
1.2.3　避开加盟选址的坑 / 013
1.2.4　一个开店新手失败的典型路径 / 015

1.3　不加盟，如何搞定产品 / 016
1.3.1　搞定产品，开店才有支点 / 016
1.3.2　学技术，到培训学校学习如何 / 018
1.3.3　小个体如何与大品牌竞争 / 019

1.3.4　我为何不怕和大品牌竞争　　　　　　　　　　/ 021

1.4　开店要不要合伙　　　　　　　　　　　　　　　/ 022
1.4.1　"店铺赚钱了，我们却散了"　　　　　　　　/ 023
1.4.2　合伙开店，首先要会算股份　　　　　　　　/ 025
1.4.3　不建议小生意起步阶段合伙　　　　　　　　/ 026

1.5　节约型开店　　　　　　　　　　　　　　　　　/ 027

第 2 章　老板的任务是造一台赚钱机器，而不是成为机器的零部件
　　　　　　　　　　　　　　　　　　　　　　　　　/ 029

2.1　为什么你开店总是问题重重？因为从开始就错了　/ 029
2.2　开店要解决顾客一个明确而具体的问题　　　　　/ 031
2.3　什么是目标顾客？从一家社区生鲜店如何跟菜市场
　　　竞争说起　　　　　　　　　　　　　　　　　　/ 035
2.4　知道你的目标顾客长什么样　　　　　　　　　　/ 037
2.5　比"目标顾客"更重要的是需求　　　　　　　　/ 038
2.6　开店小白不知道目标顾客是谁怎么办　　　　　　/ 040
2.7　顶层设计就是做好 8 件小事　　　　　　　　　　/ 041

第 3 章　"小而美"的本质是盈利能力和风险控制　　**/ 048**

3.1　不失败，是开店的第一目标　　　　　　　　　　/ 048
3.2　付出同样的努力，赚更多的钱　　　　　　　　　/ 050
3.3　生意好但不挣钱的店　　　　　　　　　　　　　/ 051
3.4　月租金 7 万元的店，不是"小而美"　　　　　　/ 053
3.5　"慢一点，小一点"的新手开店策略　　　　　　/ 056

第 4 章　从开店小白到开店专家　　　　　　　　　　/ 058

4.1　弄懂产品，是开店的第一步　　　　　　　　　/ 058
4.2　迷茫才有希望，但需要走出第一步　　　　　　/ 061
4.3　开店前先上个开店"学前班"　　　　　　　　　/ 064
4.4　有好产品，不妨朋友圈里先卖起来　　　　　　/ 065

第 2 篇
开店选址：天时不如地利

第 5 章　安置你开店抱负的地方，值得你花心思寻找　/ 070

5.1　开店从选址开始，好的开始是成功的一半　　　/ 070
5.2　开店选址，要像斯巴达 300 勇士一样选择战场　/ 072
5.3　选址的本质是选人　　　　　　　　　　　　　/ 073
5.4　人流量的立体化思考　　　　　　　　　　　　/ 075
5.5　为什么选址时应该折磨自己　　　　　　　　　/ 078
5.6　如何减少开店选址过程中的信息决策失误　　　/ 080
5.7　开店选址，如何蹲点数人流　　　　　　　　　/ 081
5.8　选址蹲点，要做的远不止数人流　　　　　　　/ 083
5.9　用倒推法演算店铺租金　　　　　　　　　　　/ 085
5.10　评估房租的性价比　　　　　　　　　　　　 / 086
5.11　开店选址时，如何考虑竞争因素　　　　　　 / 088
5.12　"草根"开店，拿什么挑战强者　　　　　　　/ 090
5.13　开店前必须知道的三张表　　　　　　　　　 / 091

5.14 案例运用——选址前如何算账 / 094

5.15 总分 80 分的选址策略 / 097

第 6 章　弄清楚店铺行规，租店不吃亏　/ 101

6.1 商铺租赁——房东直租、转让和转租 / 101

6.2 转让费的"前世今生" / 103

6.3 一年能赚多少钱，就是接手转让费的上限 / 106

6.4 "接手即可盈利"的店能不能接 / 107

6.5 接手"转让门面"的防坑流程 / 110

6.6 签订店铺租赁合同牢记 10 点 / 111

第 3 篇
开业规划：不打无准备之仗

第 7 章　开业前筹备：焦头烂额是必然的，但需要有效果　/ 118

7.1 铺子租好了，我却不想开了 / 118

7.2 新店筹备期做好这三件事情 / 121

7.3 店面装修要注意的事项 / 122

7.4 "筹备开店"期间如何省钱 / 124

7.5 定价不首先考虑利润 / 125

第 8 章　开业，一炮打响的方法和策略　/ 128

8.1 关于新店开业的基本观点 / 128

8.2 宣传从预热开始，预热从装修开始 / 130

8.3　奖励一万元给顾客，是噱头还是真心求名　　/ 132

8.4　地推预热：一次可以打 90 分的预热活动　　/ 135

8.5　开店试卖："啥也不做"的佛系两天　　/ 137

8.6　开业前的试营业必不可少　　/ 138

8.7　新店试营业就是一个"练兵期"　　/ 140

8.8　开业就是要让顾客占便宜，而不是要排场花哨　　/ 141

8.9　懂得这一招，开业何须请托儿排队　　/ 143

8.10　如何从开业过渡到正常运营　　/ 145

开业案例一：让我胆战心惊的新店开业活动　　/ 147

开业案例二：开业免费送，却无人问津　　/ 149

开业案例三：人气火爆的开业需要做什么　　/ 151

开业案例四：一个让很多人扭头就走的开业活动　　/ 152

开业案例五：火爆的开业活动，你也做得到　　/ 154

开业案例六：一家生鲜店的成功开业活动　　/ 156

| 第 4 篇 |

开业后运营：打江山容易，守江山难

第 9 章　小店如何面对竞争　　/ 162

9.1　没有核心竞争力，就别开店　　/ 162

9.2　如何构建一个小店的核心竞争力　　/ 164

9.3　分析竞争对手：要知己，也要知彼　　/ 165

9.4　竞争的捷径不是"比你好"，而是"跟你不同"　　/ 167

9.5　如何变"被动竞争"为"主动机会选择"　　/ 170

9.6　隔壁来了竞争对手，怎么办　　/ 172

目 录

9.7 竞争对手总是模仿我，怎么办 / 174
9.8 竞争未必是坏事，竞争会让自己变得更强 / 177
竞争案例一：对手就是要把你赶尽杀绝，怎么办 / 181
竞争案例二：面对这个竞争对手，老板很迷茫 / 182

第 10 章 开店运营诊断：开店没有一劳永逸 / **186**

10.1 从店铺功能组成要素理解一家店的运营 / 187
10.1.1 给店铺拍个 X 光 / 187
10.1.2 透视顾客掏钱的决策黑箱子 / 190
10.1.3 感性和理性：不买你的东西，只是因为不喜欢你 / 192

10.2 从流量角度理解一家店的运营 / 193
10.2.1 一家店就是一个漏斗，过滤出自己的顾客 / 193
10.2.2 提高曝光率——刷存在感，提高关注度 / 196
10.2.3 提高进店率——刺激顾客走进店里 / 198
10.2.4 提高转化率——给出明确承诺 / 200
10.2.5 回购率：有多少人记得你的好 / 202
10.2.6 产品不错但回头客少怎么办 / 203

10.3 从盈利角度理解一家店的运营 / 206
10.3.1 从"保本营业额"看店铺成本结构的合理性 / 206
10.3.2 降成本就是赚钱 / 207
10.3.3 两个大品牌的成本结构解读 / 209
10.3.4 用顶层设计的思维看待成本控制问题 / 213
10.3.5 提高店铺运营效率，就等于提高利润 / 216

第 11 章　店铺微信运营：一个综合的店铺运营平台　/ **217**

11.1　店铺加顾客微信是为了品牌人格化　/ 218

11.2　店铺老板要和顾客打成一片　/ 220

11.3　店铺微信运营的"三不"原则　/ 221

11.4　如何让顾客主动加微信　/ 222

第 12 章　小店的宣传和活动　/ **227**

12.1　店面宣传推广的一些底层法则　/ 227

12.2　看到宣传问题背后的问题　/ 228

12.3　店面宣传不需要多少创意，需要的是细节和执行　/ 231

12.4　如何设计出一张不被丢进垃圾桶的宣传单　/ 232

12.5　实体店的线上宣传和推广　/ 233

宣传活动案例一：一个提高了 30% 营业额的宣传活动　/ 235

宣传活动案例二：好活动能留住客人，增加顾客回购率　/ 237

第 13 章　"草根"的逆袭之路　/ **239**

13.1　没钱、没才、没资源的我们还有出路吗　/ 239

13.2　突围方法论："草根"逆袭，只能靠实力　/ 241

13.3　等待，就是开店的一部分　/ 242

Part One

第1篇

开店前筹划：

一家店能不能开成，
开店前就知道了

第 1 章

弄清楚一家店的"人""财""物"

1.1 项目的选择

1.1.1 关于开店项目选择的常识性思考

想开店,但是不知道做什么项目,这是很多想开店的人纠结的问题。选项目就是选方向,选择未来几年的生活,有几点常识需要知道。常识多了,纠结就会少,下手就会快、准、狠。

第一,任何生意都值得做。

因为每种生意都有做得特别好的,也有做得很糟糕的;大部分生意在新的时代、新的条件下,加入了新的想法后,都会有很多新的可能。选择做什么生意,主要看适不适合自己。

什么叫适不适合自己?先看自己是否对这门生意感兴趣,因为不感兴趣的事情坚持不了多久。有人看到一家店生意很好,于是自己也开了一家,开了后才发现自己既不喜欢这行,也对这行一窍不通,生意自然也做不好。此外,还要看自己是否有能力做好,比如你想开乐器行,自己却不通音律,也听不出乐器音色的好坏，这就属于没能力做好。

第二，任何生意都避免不了竞争。

开过店的老板比较容易理解这一点，没开过店想开店的人估计还期望找一个没有竞争的领域。说实话，要找个没有竞争的项目是很难的，几乎每个领域都有很多人在抢蛋糕，只要你能想到的项目，无论是用"显微镜"还是用"望远镜"查看，看到的都是竞争对手。

我们要思考的是相对竞争优势，以及如何打造这种优势，在一片红海市场中创造自己的"蓝海"。

火锅店竞争激烈吧？但是海底捞凭借出色的服务赢得了良好的顾客口碑，做成一家上市企业。有海底捞在其他火锅店就没有机会了吗？当然不是，呷哺呷哺的小火锅也发展得很好，凭借单身火锅的独创性和性价比，也做成了一家上市企业。还有众多个体小火锅店，凭借着自己独特的竞争优势也活得很不错。

我是做甜品店的，如果从大的品类来看，甜品也是竞争异常激烈的生意，大品牌小品牌都有。不过我的店也活下来了，开店时间最久的店都已经开了6年了，在一片血雨腥风中稳定地经营着。

所以，一门生意能不能做，不是看这个行业的竞争激烈与否，而是看自己有没有独特的竞争优势。 你要考虑的不是有没有战争，因为战争是一定会有的，你要考虑的是自己是否有胜算，什么时候有胜算。有胜算就打，没胜算就不要打。

事实上，还可以从另一个角度来看待竞争的强度问题。如果一个行业竞争激烈，说明市场大，需求旺盛，大品牌都相继进入，会把市场越做越大。比如饮品行业，肯德基这种国际巨头都开饮品店了，充分说明了其巨大的市场潜力。有巨头参与的行业不需要你花费很多成本进行消费者教育，也会带来市场的蓬勃发展。水涨船高，小个体户也会受益。

第三，大众生意未必挣钱，小众生意未必不挣钱。

大部分人都会觉得应该首选大众生意，而且还是高频、刚需消费的那种类型，比如快餐店，但快餐店也有很多倒闭的；而酒吧相对是小众生意，身边没几个人会光顾，但有很多酒吧活得挺好。所以是做大众生意还是做小众生意，不是选择项目时重点考虑的。

还有一点，无论是大公司还是小公司，无论是大品牌还是小个体，都是只做一部分人的生意，而不是做所有人的生意。例如，要开个快餐店，虽然是大众生意，也要做大众里面的小众，只做面向一部分人的快餐。比如主要针对农民工的，可以在工地附近或是城中村里开店，就餐环境可以不那么好，但饭菜分量要做多些，价格便宜些，这样就会有生意。快餐店也可以是针对高级白领甚至金领的，开在高端写字楼附近，装修有格调，包装有品质，饭菜很精致，服务很到位，这样也会有顾客。只有专注满足一部分人的需求来获得这部分人的高度忠诚，才能有超额利润。

如果要做小众生意，那么这个小众群体要明确，要易触达，要能养活一个店，尤其是实体店，基本上都是做附近1~3公里内的生意。曾经社群里有一位老板要开一家针对糖尿病病人的餐厅，我觉得风险比较大，原因就是这部分人比较分散，选址很难。如果要做这种餐厅，就要做大范围甚至是做全城的生意，但这样可能导致获客成本非常高，送达成本很高，赚钱很难。

其实，小众和大众没有严格的边界，不用太在意"大"和"小"的问题，要更多地关注自己的目标顾客。无论是大众生意还是小众生意，都是做某一部分人的生意，开店选址前，算算账，至少确保店附近的目标顾客能养活你的店。

当然，新手可以优先考虑大众生意，而不是小众生意，因为大众生意的门槛相对较低，对老板的能力要求低，比较容易入手。对于开店老手，他们眼里已经没有大众与小众生意之分了，只有目标顾客和这些顾客的需求。

第四，选择的产品最好能满足标准化、批量化生产的要求。

为什么要标准化生产？因为要保证产品出品的稳定性。这个过程最好能数据化，比如多少克，多长时间，温度达到多少度。从麦当劳、肯德基这些大品牌的产品操作流程中可知它们的标准化要求有多么严苛，也正因为如此，这些品牌才能走向全世界。

怎样标准化呢？可以从原材料、生产工艺、配方、工具和设备这几个方面考虑。这几个方面要尽量数据化，数据化的目的就是脱离人为因素的影响，让产品的品质跟操作人员无关。

第五，原材料供应稳定，谈判的空间大，不受制于人。

原材料的供应对于生意影响是很大的。很多生意做不大，或者只能做区域性的生意，其中一个重要原因就是原材料的供应问题。

例如，很多小城市也有很多日本料理的粉丝，但是你想在小城市找一个日本料理店吃一盘正宗的刺身却很难，主要也是由于原材料供应问题。如果原材料供应不稳定，生意是做不起来的。

另外，要把成本降下来，这是能否做成一门生意很重要的一步。

例如很多专利技术因为无法降低成本，也就基本上没有商业价值。马斯克的特斯拉电动车能发展得那么快，股票市值一飞冲天，就是因为生产车的成本一降再降。前些年卖七八十万元一台的电动车，现在卖 20 多万元一台了。

成本能否降下来，有时甚至会成为决定一个店竞争力的关键。对于新手来说，由于缺少整体的竞争策略、竞争工具和方法，开店伊始成本优势就可能成为活下来的关键。

第六，在满足上面几点要求的情况下，把选择的产品做到"优秀"，起码在同一商圈内要比绝大部分同行好，这是开店的必要条件。做得越好，成功的概率越高。

打磨产品是很难的一件事，但是如果静下心来做好这件事，后面的其他事情都比较容易做好了。

我在第一个店经营失败之后，花了将近一年的时间苦心研究产品。那一年虽然过得辛苦，但是现在还因此受益。

开店一定不能浮躁，把基础工作做好了，开店成功就是顺理成章的，而产品就是基础中的基础。

那产品要多好才算好呢？是不是要做到所谓的极致呢？对于新手来说，这几乎是不可能的，产品品质能做到排同一个商圈内产品品质的前20%就可以了。

1.1.2 考察一个项目，如何判断其好坏

在开店项目的选择上，很多人都有一个疑问，怎么判断一个项目的好坏呢？可以从以下几个方面来判断：

首先，看项目本身有没有得到市场的验证，这是最重要的。这方面主要是看产品和运营模式是否行得通，有以下三个参考指标可供参考：

1) **时间**：这是一个很简单但是最重要的指标，就是这家店或品牌存在于市场上多少年了。凭借这一个指标就可以把很多乱七八糟的项目否决掉。很多专门做加盟的公司，旗下有无数个加盟品牌，有些品牌的直营店都还没开起来就开始弄加盟了，居然还有很多人对这些品牌趋之若鹜，实在让人无法理解。我觉得一家店的产品是否被接受，模式是否得到验证，必须经过三年的市场验证时间。

2) **产品的口碑和评价**：产品是一切开店决策的基础。如果你觉得产品差一点没关系，可以通过宣传推广营销让店持续经营，这是大错特错的想法。

如何评价一个产品好不好？有些人说："我体验一下就知道好不好了。"这种想法也很危险。因为个人的主观色彩太重了，特别是当你本人不属于产品的目标顾客时，更加无法客观评价。正确的做法是听产品目标顾客的评价。现在，网络发达，在社交媒体、外卖平台、点评网站上都可以看到这方

面信息。

3) 运营模式是否可以被复制：这个指标也很重要。这几年喜茶、奈雪的茶很火，于是很多老板就照搬开一家差不多的店，社群里就有一位老板这么做过，最后亏了100多万元。开店这么多年，我还没见过模仿大牌的店做得好的，原因是这些品牌的运营模式自己学不来，这些大品牌都有很多资金在后面支持，每到一个地方开店，提前几个月就有铺天盖地的软文广告和消费者的主动宣传，小个体户难以做到。

小个体开店，一定是依靠老板自己的能力和资金就可以操作起来的，而不需要动员各方的资源和力量。

其次，看投入和后续的资金要求。自己手里有多少钱，就做多大的事情。 有些项目前期投入比较多，比如对位置比较依赖的生意，对设备要求高的生意，对环境要求高的生意，这三种生意的前期投入都会比较大。

- 有些生意必须有充足的人流作支撑，对好位置的依赖性强，这类店的转让费和租金会很高。
- 有些生意对设备的要求高，没有好设备就做不出好东西，比如咖啡店，一台好的咖啡机，至少要十万元。
- 有些生意的消费场景需要环境和气氛的配合，那对店铺装修的投入就大。

有些项目前期投入少，但是后期对资金的要求高；有些项目还很压资金，比如服装业、超市、烟酒店，这些行业老板最常说的就是，"赚的钱都在货里，见不到现金。"

开店前最好做一个现金流预测表，这里的现金流就是指每月要花出去多少钱，挣来多少钱，这样做可以预防资金链断裂。

很多生意做不下去就是因为资金链断裂，所以在你选择项目的时候就要考虑这个生意需要的现金流自己是否能驾驭。

最后，看项目是否适应当下的商业环境。我们"草根"老板开店也许看不到未来5～10年那么远，那么要看项目是否适应当下的环境。有以下三个原则供参考：

其一，项目不被线上同类业务轻松取代。有些生意是线上业务永远取代不了的，比如餐饮、亲子项目等。这些生意因为产品特性和体验性，在互联网浪潮中反而得到了新生。现在人气旺的商场大多是因为有餐饮和亲子项目的带动，这些年这两类项目发展得最为迅猛。

其二，项目不被别人轻易模仿。生意好点，立马有人会模仿，开一家一模一样的店，店的装修、菜单、价格都一样，甚至宣传海报、活动设计都一样。如果能通过产品和运营模式提高门槛，拓宽护城河，别人模仿起来的难度就很大。现在能做得起来的品牌都有自己的护城河。

其三，项目不被消费者随意抛弃。有些生意过于偏门，开实体店很难赚钱，因为实体店影响的范围非常小，最多周围3公里就不得了了。这就要求产品要维持一定的消费频次，这样才容易形成消费依赖，小店品牌才容易建立，生意做大的可能性也大些。

1.1.3　一个具体的位置如何选择合适的项目

我经常被问到一个问题：

"小区门口的店要选择什么项目？"类似的问题还有，"医院附近开什么店？""地铁站旁边应该做什么生意？"，等等。

简而言之，就是看上了某个地方的店铺，但不知道选择什么项目。

这种问题很难给出具体的项目建议，不过，有两个思路可以参考：

第一，对比类似的地段，看看周围都有一些什么生意。

通过对各种店的分析和观察，基本可以判断出附近的人群结构、消费水平，人群是以年轻人为主，还是以老年人为主？是高端消费群体还是对价格敏感的群体？一个周边没有饮品店的位置对开奶茶店来说有可能是个机会，但也有可能是因为这个地方的消费能力差，或者年轻女性少。

多做做这样的调查，你就会得出一些规律性的东西，比如这个商圈内哪种生意一定可以做，哪种生意一定不能做，做哪种生意更容易成功，等等。

然后看看自己的目标位置附近哪些生意已经有了，哪些生意还是空白，这时做什么项目大概就确定了。

第二，看人。特定人群的需求都是类似的，有规律可循的，你可以通过观察人群需求确定项目。

如果你不能确定自己要做什么生意，那就静下心来观察人流情况，看看周边小区都有些什么人，他们的哪些需求被满足了，哪些需求被商家忽视了。

需求是一切商业决策的起点，通过分析需求来选择项目虽然是最正确的做法，但是难度较高。本质上，第一种思路也是需求决定项目理念的具体运用，比较适合开店新手使用。

我的选址思路是通过选人来确定位置，其实就是通过需求选择位置，我不会太看重一个地方有没有类似的生意，或者附近竞争对手做得如何，而是看有没有我的目标顾客，如果有，那就肯定有需求，有需求就有机会。这些年通过这个方法选址，我看中的铺子是大部分人都看不上的，正因为如此，租金就很低，后期竞争也没那么激烈，成功率反而很高。

如果你对自己要做的生意心里有数，那就可以采用通过分析人群需求来选择项目。

什么叫心里有数？

- 你要做谁的生意，他们是些什么人，收入多少，做什么工作，教育水平如何，平时有什么爱好。

- 知道自己的定位，要做成什么样子，要给顾客留下什么印象。

上面两种思路不是孤立的，更不是矛盾的，可以结合使用，也可以交替使用，是相互补充的关系。

1.2 开店到底要不要加盟

我先说我的建议：最好不加盟，加盟小品牌对提高开店成功率起不到什么作用。如果一定要通过加盟的方式开店，就加盟大品牌。

加盟，原本是一个品牌的扩张方式，是一种赋能系统，但是现在越来越多厂商利用加盟的方式把赋能变成了剥削，甚至欺诈，而且这些加盟公司很善于伪装。

下面我会通过案例告诉你为什么我会有这样的结论。

1.2.1 加盟大概率会遇到坏加盟公司

下面是开店笔记社群里一位在加盟公司工作过的人曝光的加盟公司套路：

我的前公司利用直营店的火爆人气来吸引加盟者。

公司在选址时不会过多地考虑房租问题，所以都选在了城市人气最旺的美食街，1平方米租金2500元，18平方米一个月租金45000元，且无上下水。

在店址人流量巨大，最多2分钟出一份餐的情况下，周六日经常需要排队半小时以上。

我们选了当时在这个城市不太出名的××品类，前期调研过友商，分析出来当地消费者很喜欢这个品类，有市场前景，且当时市场上没有非常有实力的竞争对手。

因为产品口感确实不错，加上人流量非常大，所以出现了生意火爆的现象。第一年苦练内功，打造产品、渠道、店面形象。第二年放开加盟，一年就圈了30多家加盟店。很多店都是看到这个旗舰店生意火爆才加盟的，但实际上，我们自己算账时发现这个店每个月都亏损，因为成本太高了。房租45000元一个月，加上6个员工的工资和水电、食材成本，肯定赚不了钱。

如果想圈住加盟商，必须在流量最集中的地方开直营店，所以我们又在不考虑房租成本的情况下开了几个直营店，都是为了打造生意火爆的形象。

我们关起门分析加盟商的心态：他们只关心两点。一，生意好不好。二，利润高不高。但是很少会有加盟商知道我们生意为什么这么好，这也是各位想要加盟的时候必须要想清楚的。生意火爆的因素是否可以复制，如果不可以，那么要想清楚自己是否有能力让它火爆。

案例中的做法也是很多加盟公司的做法：在人流量大的地方不计成本地投入，平日通过各种活动亏本经营，营造生意火爆的形象，然后趁势放开加盟。而开店新手不懂里面的规则，本身运营能力也弱，加盟后倒闭的概率非常大。

1.2.2　加盟店会让设备、物料、原材料成本居高不下

下面这位老板加盟了一家品牌奶茶店，看看他的问题：

你好，老陈。我在一所职高学校里租了一个档口做奶茶，因为是加盟的牌子，所以价格比学校其他两家的贵一些。我是第一次做生意，一开始觉得加盟产品省心，产品质量也要好一些。

一开始生意不错，每天能收入两三千元，有盈利，但是最近淡季每天只有一千多元的营业额，这个月算下来居然还亏本了。自己找了下原因，发现

原材料成本占了销售收入的百分之五十。关于这个问题，想请教你有没有具体的方法来控制原材料的成本？

原材料成本高是所有加盟品牌的共同问题。这位老板的原材料成本占比高达50%，可见是进货成本出了很大问题。一般茶饮店的原材料成本占比在20%~30%，这是行业平均水平。

为什么这家店成本会高这么多呢？因为加盟公司总部要通过原材料赚钱，原材料差价是加盟公司总部的利润来源之一。不仅原材料如此，设备、工具以及其他的物料价格也往往比市场价高出一大截。

加盟公司总部要从加盟商那里赚的钱包括以下几部分：加盟费、设备费用、原材料费用、物料费用、管理费用、培训费用。

加盟费、设备费用是一次性投入，老板掏钱时心疼一下就完事了；而原材料、物料等费用则属于慢刀子割肉型的费用，长远看对加盟商的影响更大。因为这两项费用直接影响店里的盈利水平：营业额高，赚的钱少；营业额稍微低一点就不赚钱了，抗风险能力很差。

社群里一位老板说过加盟公司总部对于物料的管理：

先是业务员巡查登记，后来是通过收银系统对营业额进行监控。现在是要求加盟商必须按照他们的要求建设一个仓库，仓库里设有多个摄像头监控，什么东西少了，总部比老板都清楚。你想从其他地方买便宜的原材料，很难操作，而且一旦被发现，会被重罚。

这还算好的，毕竟是让你按需求下订单。小品牌就不是这样了，因为缺乏配套的管理制度和团队，采用的是行政命令式的管理方式，签约的时候就要签订原材料和物料的采购合同，不管销售情况如何，每个月都要下单采购，不采购就重罚。加盟商最怕的就是接到业务员的催单电话。

很多加盟老板的心态是：反正我也不懂，有个总部给自己配送各种物料、原材料挺好。你觉得挺好的东西将来就可能成为你的噩梦。

1.2.3 避开加盟选址的坑

我自己亲身经历过这么一件事情。有次新店选址，跟一位转让店铺的老板聊完，准备走人。刚好来了两个人，一男一女，我一看，不像是开店的人。果然，他们是加盟公司负责找店铺的人，过来就问电话里商量的转让费的事情能不能确定了。这个店原本转让费8万元，加盟公司却让店铺老板抬价至13万元，事成之后给老板好处费。

看完是不是感到诧异？本来加盟公司总部是帮你找店铺的，应该是你的救星，现在反而变成了坑你钱财的人。

加盟公司在他们的宣传内容里面都会有一条：用他们先进的选址理念和完善的选址系统帮你筛选出最好的铺子。他们会成立专门的选址部门，甚至在合同里都规定选址要他们参与，他们同意后才可以开店。其实，背后的原因可能不是为店铺选出一个合适的好位置，而是为了从中渔利。当然，我也希望这不是行业潜规则，只是某些道德败坏的人的个别案例。

所以，建议要加盟开店的老板，在选址问题上一定要认清两点：

第一，加盟公司参与可以，但必须由自己做决定。加盟的目的不是为了省事，把最重要的事情交给别人办，那样做风险很大。绝大部分加盟公司并没有帮助加盟商选址的能力。他们选址的人也许都没开过店，哪来的选址能力呢！

第二，对看上的店铺，要多调研，线上+线下收集各方面的信息。我们看上的一个店，有很多东西是看不到的，它背后可能有巨大的信息不对称。收集信息的目的就是让信息不对称变得不那么严重。找店铺，切不可懒惰，更不能靠别人。

很多人第一次开店之所以会选择加盟就是因为加盟省事，难做的事就干脆让别人来做。我总结过一个定律，叫"麻烦守恒定律"，就是讲一件事情，前面麻烦少了，后面麻烦就会多。这也可以解释为什么大部分加盟店都容易夭折，因为老板对即将到来的麻烦没有做好充分的准备。

关于加盟的建议再重复一遍：要加盟就尽量选择经营多年的大品牌，小品牌加盟的坑比较多，失败率也高。大品牌加盟门槛高，投入会比较大，加盟费就可能几十万元，却可能是真正在做品牌，有成熟的产品和运营体系，更重要的是有品牌号召力，确实能帮助加盟者提高成功率。

如果你预算比较少，你的选择就只有加盟小品牌了，那这时候就要明确自己想要什么。我个人认为，**学到产品技术，掌握产品体系是最重要的**。因为小加盟公司都是通过控制配方来控制产品，又通过控制产品，进而控制原材料或设备，最终达到控制你的目的。

为什么产品技术才是核心呢？我们可以更加深入地分析一下。

加盟无非是希望给自己省事，因为加盟品牌有一些现成的东西给你，比如：

第一，你想得到一个品牌的影响力。这个品牌影响力你觉得可以让当地的消费者产生信赖感和安全感。但是你想一想，你们当地的消费者有几个人知道一个远方的小品牌？如果基本没人知道，还何谈影响力呢？你所谓的影响力可能只是自己脑子里想象出来的，是不会促进消费者购买的。

第二，也许你想得到进货渠道。这个进货渠道会帮你跳过试错痛苦期，不过这也是加盟公司总部控制你的办法之一，而且，这也是会狠狠"宰"你的地方。同样质量的设备或工具可能要比市场价贵一倍，影响运营成本高低的原材料和物料价格也往往会高于市场价格。

第三，你也许还觉得可以得到一些经营经验。这个也基本没用，因为加盟公司下面的工作人员也许压根没开过店，谈不上经验分享，更无法指导你开店。他们对你的管理，更多是贯彻他们的规则，要求你按时下单买东西。

所以，你需要的很多东西，也许他们压根没有，他们有的东西却不给你。实实在在的是产品，你要在加盟中获得产品技术和产品体系，这才是核心。

1.2.4 一个开店新手失败的典型路径

新手加盟开店的历程一般是这样的：

- 想开店，钱也攒够了，狠心辞职；
- 不知道做什么项目，听到谁说啥好就准备做啥；
- 网上找各种加盟项目，被各种钓鱼网站盯上；
- 然后被各种加盟项目轮番打电话"轰炸"；
- 选择一个自己都不知道是啥牌子的牌子。选择的标准是看哪个加盟品牌的销售人员说得好听，打电话打得勤；
- 把店开起来，然后倒闭。

这个过程有两个很大的问题：

第一，到网上找加盟公司，是找不到好品牌的，不仅找不到好品牌，还很有可能被骗。不信你去随手搜索一个大品牌的名字，前50个页面几乎全是冒牌的。你留下了电话，期待着有人来解救你，却不知噩梦往往从这里开始。

接下来就是各种销售人员给你打电话推荐品牌。套路很成熟了，也知道开店新手的需求，他们手里有无数个品牌。你说对某个生意不感兴趣，立马给你推荐另外一个项目；你说预算不够，立刻就有低成本投入的；你说加盟费太高，马上安排一个不要加盟费的。总有一款适合你，直到你点头答应去考察。

第二，还有一个问题就是新手往往缺少一些最基本的常识。开店前不知道自己对啥感兴趣，不了解开店是怎么一回事，不知道去哪里获取靠谱的信息，不懂得如何判断别人提供的信息。这样当然容易被骗。

对于新手来说，如果铁定了要通过加盟的方式开店，那就不要去搜索引擎上找，而是要从生活里找，我们身边有很多加盟店，是实实在在的品牌店铺，吃一吃就知道好不好了，对比一下哪个品牌优势更明显，然后直接找到这个品牌的官网、公众号去了解相关信息。

原则就是：**要相信有结果的品牌，市场口碑不错的牌子。**

新手开店，参照下面的路径成功率更高：

- 有意愿开店了，就多学习一些开店的基础知识，知道开店是怎么一回事，起码知道对开店来说，哪些事情很重要，哪些事情要优先考虑；
- 平时多逛逛多看看，增加见识，结合自身兴趣、资源、当地竞争情况等因素，想想自己适合做什么项目；
- 对自己将要选择的项目加深了解，可以到相关店铺打工，问问身边做这行的亲戚朋友；
- 对这个生意有了基本了解之后，可以学习产品知识，掌握产品技术；
- 然后再择机开店。

这个过程确实会比较慢，需要耐心，需要等待时机，但是开店这件事本来就急不得。快了，步伐就乱了，容易摔跤。

1.3 不加盟，如何搞定产品

1.3.1 搞定产品，开店才有支点

新开一家餐饮店或小吃店的老板基本都会有下面这位老板的困惑。

老陈，你好。我计划开一家肠粉店，也卖皮蛋瘦肉粥。之前在广州待了几年，我觉得广州肠粉、皮蛋瘦肉粥，还有炒河粉等小吃味道好，接受度

也高。

我现在想在安徽合肥开一家肠粉店。考虑过自己学习自己做，但觉得自己做可能会比较辛苦，同时考虑到后期扩张，天天窝在店里也不是办法；也考虑过请师傅来做，现在比较纠结。请给点建议。

对于这类问题，我的建议是坚定的：**一定要自己学做产品，学会技术，早期亲力亲为做产品，虽然辛苦点，而且还可能失败，但即使失败了，也比请师傅做产品强 100 倍。**

我认为这个建议对这位老板来说起码价值十万，还可以节省至少一年的试错时间。我第一家店就是做老板提到的这类产品，自己不会，请了师傅做。**产品自己把控不了，店就不算是自己的。**虽然那个店做不下去的原因有很多，但自己不会做产品是一个根本性原因。

老板提到了扩张的问题，这是杞人忧天。**我建议新手开第一家店，就先不要考虑扩张的问题，更不要因为想着后面要扩张，而不做一些必须做的工作。**新手开店典型的想法就是总想着后面扩张，所以第一家店要高大上，开在最好的地段，第一家店自己就要脱手，美其名曰"方便管理"，总之，第一家店什么东西都想要一步到位。

事实上，第一家店通常都是以失败告终的，我们要考虑的问题不是后面如何扩张，而是如何不失败，或者不败得那么惨。

如果上面这位老板是**先学产品再开店**，最坏的结果是，开店失败了，起码自己懂得怎么做产品了；事事亲力亲为，老板的能力成长也会很快，后面东山再起的概率很大。

开一家店的产品获得有三种常见的方式：老板自己学习做产品，请师傅做产品，加盟一个品牌获得产品。

第一种方式最慢，最磨人，最辛苦，但开店以后最长久，成功率最高。

第二种方式分两种情况：老板会和老板不会。老板会的，啥都懂，这是很好的搭配，师傅管得动，管得有效果，如果会管理的话，店很容易赚钱而且有规模化扩张的可能；如果老板不会，那就糟糕了：**你生意差的时候，师傅嫌你不会开店，瞧不起你；你生意好的时候，他觉得自己累，而且觉得整个店好是因为他能干，要你加工资，否则他就走人，动不动就威胁你。**

第三种加盟方式是现在很常见的一种开店方式。加盟的好处是什么都是现成的，一个店很快就可以开起来；坏处是老板能发挥作用的地方小：产品就这样了，好坏都得接受；进货成本就这么高了，你也只能按计划进货，该交的费用必须交；想做做活动、搞搞推广也可能有限制，有老板就因为生意不好，想做活动提高业绩，结果被重罚款两次，老板欲哭无泪。

1.3.2 学技术，到培训学校学习如何

经常有完全不懂产品的开店小白咨询，开店前应不应该到培训学校学习，这不可一概而论。我认为，如果一个人有时间，可以这么做：

- 找个靠谱的学校或工作室系统学习一段时间，这期间主要补齐基础知识，但是学习到的产品都是没竞争力的，用来开店参与市场竞争肯定是不行的。好的产品还需要自己打磨。
- 找个做得好的店实操一段时间，前厅后厨的岗位都做一做。这期间可以学习一个店是怎么运转的，了解产品制作、人员配备、运营流程、顾客接待……
- 确定自己的方向，看看以后做什么细分产品。比如西点是一个很大的品类，下面有很多细分品类，研究打磨好一个产品就够了，做出有竞争力的产品。
- 听喜马拉雅开店笔记的音频或关注开店笔记的公众号，学习开店背后更深层次的逻辑。但这些学习也只是学到一些皮毛，更深层次的东西要靠自己在实践中领悟。

这样下来，一两年的时间是需要的，因为这是系统的学习，而且开店前还要到同类店里实操，还需要打磨产品。虽然略显保守，但这是最稳健的一种方法。

有没有时间更短的？时间短就需要老板更加努力刻苦，而且学习的渠道也要更好，比如有靠谱的前辈给你传授多年的经验，愿意真心带你，可以帮你少走些弯路。

1.3.3 小个体如何与大品牌竞争

有些老板会很担心一个问题，自己是小个体，啥也没有，如果不加盟，怎么和大品牌竞争呢？

无论是做什么生意，做哪种产品，都可能遭遇大品牌。遇到大品牌竞争，往往是巨大的挑战。大品牌有钱，有制度，有人才，有品牌号召力，有实力拿到最好的位置。可以说，他们占据了各种优势。

但是，无论是在欧美发达国家，还是在我们国家，大品牌总是不能把小个体赶尽杀绝。小个体虽然生存艰难，但也有活得很好的，而且有很多品牌还能快速长大，变成大品牌。

有一种论调说，"如果你开店还在关注产品的话，那铁定做不好，你看看哪个大品牌的产品是很好的；一个品类里，产品最好的往往就是那些天天盯着产品的小店。"这种言论，我是不敢苟同的。

这种言论的迷惑性很强，导致很多老板真的信了。我来说说真相。

首先，大品牌的产品也许并不是最好的，比如汉堡，可能某个小店的汉堡就比麦当劳、肯德基的更好吃，但是大品牌的产品出品却是最稳定的。开过店的老板都知道，产品品质的稳定要经历一个痛苦的磨人过程。即使自己做产品，也不一定能完全保证味道一模一样。可以这么说，靠人几乎是不可能让产品稳定的。解决方法是标准化生产，原材料确定，生产工艺确定，机器设备确定，操作方法确定。即便如此，依然会因为供应商原材料的不稳定导致产品不稳定。大品牌就是解决了产品稳定性问题，比如麦当劳、肯德基，在全中国吃的味道都一样。

因为标准化，就可能因此牺牲一部分味道，这其实是产品评价的一个再平衡过程，因为顾客在乎的不仅仅是味道，也在乎稳定的品质，你去一家店也许是因为味道好，但也会因为某家店味道一直很稳定而特意去他家。所以，大品牌不是产品不好，而只是味道不拔尖，产品综合竞争力还是很强的。

而且，我们学习一个大品牌，不应该看他现在的发展和策略，而是应该把视角放在他们成长的早期，学习他们在什么都没有的情况下，是如何解决一个个难题，如何一步步发展起来的。

我们小个体正是因为没有大品牌的各种优势，我们的产品才应该力争做到最好，起码比大品牌好，才有可能获得一线生机。

新手开店，参与市场竞争，总要有自己能把握得住的东西，产品就是最大的抓手，这是我这些年开店的最重要的心得。开一家店，要关注的事情太多，装修、价格、宣传、服务、营销，等等，哪个不重要？但是最核心的东西还是产品。小店老板，只要把这个工作做好了，就能起到四两拨千斤的效果。

个人认为，**个体老板还有一个比大品牌强的地方就是服务。这个服务不是指服务员多，口号喊得多响，卫生弄得多好，而是指服务有温度。**

可以从两个方面看这个事情：

第一是老板和顾客有更紧密的联系，要有除了交易之外的联系。这也是我一直建议大家要运营好店铺的微信号的原因，你在顾客的微信好友里，随时可以联系上，他们可以看到老板的朋友圈动态，时间长了，就会把你当朋友。

第二是要和顾客一起经历一些事情。如让顾客参与新品的尝试、选择品牌形象标志、给包装的升级提建议……这些我们都做过，顾客的参与度很高。还有一点，生意要做出人情味，尤其是小店生意。老板要看到顾客看到的，感受顾客感受到的，担心顾客担心的，向顾客提供力所能及的帮助。

1.3.4 我为何不怕和大品牌竞争

我有一家店，店龄已经快 5 年了，当时看上那个位置的原因之一就是竞争压力小，同品类的店不超过 3 家。但是，这些年竞争环境恶化，同行增加了至少 20 家。有小品牌，也有大品牌。当然，结果是死了一批又一批，我的店却还活着。

我的店旁边不远处，大约 50 米的地方就有一家知名品牌。一开始，我的店员非常紧张，担心营业额下降，他们的奖金就可能拿不到了。我告诉他们别担心一些不该他们担心的事情，而是把本职工作做好，把顾客服务好，把产品做得更好，其他事情交给我处理。

现在那家品牌店还开着，而我的生意这些年并没有因为对手来了就下降了，反而逐年上升。说实在的，开店多年，现在对于附近是不是有竞争对手来，我真不会太放在心上。虽然听起来有点轻敌，实际上不是。我说说当时对于这家店的判断：

- 我们虽然是属于同一个品类，但是主打产品不一样，有竞争，但并不是你死我活的关系。商圈这么大，生意大家一起做。
- 它是知名品牌，产品味道虽然很稳定，也属于比较好的水平，但是我对自己的产品更有信心，甚至觉得比他们好，而且有顾客常年的口碑。
- 价格方面，我可以做得更低，因为运营模式不一样，我的成本比他们低很多。他们店里五个人，我店里只有三个人，而且他的房租是我的三倍。虽然我们的定价差不多，但是一旦打价格战，我有降价空间。

- 这种投资大品牌的老板都是大老板，一般不会在店里，对店里的掌控肯定不如我。而且因为是加盟店，会有很多规矩限制，所以相比之下，我的经营方式会更加灵活，新产品不断，活动不断，跟顾客的互动不断。
- 我自信我们跟顾客的关系更好，更懂顾客，因为我的店是基于微信运营的，店里的顾客大多也是微信好友，店员会经常和顾客互动。而大品牌的老板是不屑于做微信运营的，他们更不会去回答顾客的疑问，而且即使他们想做也没有合适的渠道，要做起来也需要相当长的时间。他们自信品牌会给他们带来流量。

这家店开业期间，对我们是有些冲击的，我们的营业额下滑了大约百分之二三十。不过，很快又恢复了正常。有几次我去看他们的情况，生意也还行。这种感觉也挺好，你做你的生意，我做我的生意，大家相安无事最好。

对手的店位置是没有问题的，比我的好。他们最大的问题应该就是成本问题，原材料和其他物料都是总部供货，肯定贵。而价格也是由总部控制，那剩给老板的毛利就很少了。当然，你可以说这是薄利多销的策略，但这需要人流量非常大的地段来支撑这个策略，对于一个店来说，房租成本上去了，可能的结果就是人气很旺，但净利润少。

总之，**大品牌有大品牌的苦，小个体有小个体的好，小个体不怕就是了。**

1.4 开店要不要合伙

合伙的原因很多，比如自己没经验，多一个人多一份主意；自己不懂产品，合伙人懂；自己懂产品，但是没钱，合伙人出钱；有几个合得来的朋友，都想通过创业改变生活，于是一拍即合……

但是，因为合伙把事业整垮，甚至朋友都做不了的案例也有很多，生意不好，合伙容易闹矛盾；生意好，赚钱了，合伙也容易出问题，都觉得自己应该得到更多。

要不要合伙开店，不如先看下面现实中的案例。

1.4.1 "店铺赚钱了，我们却散了"

下面是开店笔记社群里一位老板的分享：

今天和一个同学喝茶时，聊到了另外三个同学合伙做生意，结果因为'分赃'不合理的事闹掰了。我听到这个消息的时候，有点没反应过来，因为那三个同学关系挺好的，现在闹翻了，有点令人唏嘘。

事情是这样，2018 年，A、B、C 三人一起合伙创业做水果生意。资金是 A 出的，50 万元，用来购买设备，租场地和冷库，剩余部分充当流动资金，其他两人出力。

A 占 80% 股份，负责业务方面，B 和 C 各占 10%，负责内部运营。三人分工合作，也算顺利。干了一年后，C 觉得工资太低，一个月也就 2200 元，根本不够平时花销，虽然有股份，但那点股份，一年就是赚了 30 万元，分到手里的也才 3 万元，所以 C 果断退出了。

B 则是继续跟着 A 干。由于 B 要做两个人的活，A 又划了 5% 的股份给 B。他们的生意第一年赚了 15 万元，第二年有所好转，一年赚了 35 万元，差不多回本了。这期间，B 结婚了。由于工资低，花销很紧张，到了年底，A、B 两人谈到了分红的事，B 说非常需要一笔钱来补贴家用。

问题就出在这时。他们开始创业的时候，是没有签合同的，只是口头上达成一致，主要是因为资金全是 A 出的，其他两个人也没什么想法，彼此都信任对方。第二年回本了，分红的时候，A 表示回本了，那就先把本金拿回来。然后他真把本金 50 万元拿走了。

但他没有意识到一个问题，本金拿回去后，剩不了几个钱，B 那 15% 的股份，分不到多少钱。创业的时候工资低很正常，但现在情况不同了。B 当时就不干了。两人年轻气盛，当场就闹掰了。

唉，都是钱惹得糟心事。

老板说这是钱惹的祸，事实上不是，这件事跟钱没关系，是合伙规则的问题。

有人提到 B 和 C 股份太少，工资太少，导致心理不平衡，我觉得这不是产生问题的根本原因，因为无论是股份比例还是工资，都是双方同意的，再低也得接受。如果不同意，可以提出来，提出来以后有很多种办法来解决收入不公平的问题。比如提高 B 和 C 的工资，比如投票权和分红权分离，B 和 C 各自投票权虽然只有 10%，但是分红权可以提高到 20%，甚至更高。或者分阶段动态调整股权的方案也是可行的，达到了一定阶段就按照约定重新调整股权分配。

最大的问题是 A 不遵守合伙的基本规则，因为拿走本金的这个行为是完全没有道理的。所谓合伙经营，就是每个人都以不同的资源入股，这个案例里，A 出的是钱，B 和 C 是以自己的时间和管理入股，A、B、C 都是这个店的股东，都有相应的权利和义务。

这个性质就决定了 A 投入的本金是不能收回的。这个资金是属于法人的，任何股东都不能单独拿走。除非这个店解散了，要清算了，每个人才能拿走剩余残值里属于自己的那一份。

A 执意这么做，显然没有把 B 和 C 当作合伙股东，而是当作分了点股的员工。这里吃哑巴亏的是 B 和 C，他们在开店前就应该和 A 确认是什么样的合伙形式；如果是合伙，那就要确定各自的股份占比和分红形式，并且白纸黑字签订一份合伙协议。尤其是这种一方出钱其他人不出钱的合伙方式，出钱的一方往往觉得这个店 100% 就是自己的，跟其他人无关，只有合伙协议才能时刻提醒他，这种想法是错的。

1.4.2 合伙开店，首先要会算股份

我经常被问到的关于合伙开店的问题就是：

自己想开店，但是没钱；有个朋友有钱，但是没空开店。于是想着对方投钱，自己投入人工合伙开店，不知道这种情况下股权如何分配，自己是否应该拿工资，利润应该分多少才公平合理？

还有一种情况就是：自己是上班族，一直有开店的想法，但还没胆量辞职开店，希望找朋友合伙，自己出钱，对方出钱出力。这种情况下，如何确定自己在店里的话语权。

除此之外，技术、资源、个人能力或贡献等因素如果在合伙算股权的时候未考虑在内，后期就可能产生各种纠纷，分道扬镳是常有的事。

怎么算各自的股份呢？可以按照以下几个步骤来算：

第一，梳理出那些很重要，并且能决定股权分配的因素。几个合伙人坐下来讨论一下：投入的钱是多少，谁参与管理和运营，产品和技术从哪里来，各自的工作如何分配，有哪些资源和人脉。各行各业可能会有些区别，比如资源和人脉，开个餐馆不需要人脉，可以不列入；但是如果要卖消防设备，有一定的资源就很重要了，需要考虑在内。

第二，给各个因素分配权重。比如，资金权重占40%，运营和管理占30%，产品和技术占30%。

不同的行业、不同门店各因素的重要性也不一样，合伙人之间的讨论就是要依据重要程度把每个因素的权重确定下来，并且这个权重大家彼此都能接受。

第三，确定每个合伙人在每个因素中的占比。

比如，资金方面，一个店需要10万元投入，A出资6万元，占60%，B

出资 3 万元，占 30%，C 出资 1 万元，占 10%。

运营方面，A 只出钱，不出力，B 全职在店里负责全面运营和管理，占 60%，C 也参与店铺运营，占 40%。这些占比具体是多少，也是根据个人能力和贡献讨论出来的，需要获取大家的一致同意。

技术方面，A 和 B 都没技术，占比 0%，C 是产品和技术的主要提供者，占比 100%。

第四步，把每个人的股份算出来（以"第二步"中给出的权重比例为准）。

A 的股份 = 40%×60%+30%×0%+30%×0% = 24%

B 的股份 = 40%×30%+30%×60%+30%×0% = 30%

C 的股份 = 40%×10%+30%×40%+30%×100% = 46%

虽然 C 出钱是最少的，但是因为参与管理和运营，以及是产品和技术的主要提供者，并且产品对这个店来说很重要，因此他的股份就最多。

A 虽然是主要出资人，但是因为不参与管理，店里的具体事情一概不管，因此他的股份是最少的。

这样算股权，比拍脑袋给股份会好很多，因为：

第一，考虑到了各个主要因素和每个人的贡献，不会有人觉得憋屈。A 虽然出钱了，但不会觉得自己就是老大，因为没有 C，店是开不成的。C 也不会因为自己懂产品就牛气哄哄，而是会考虑到店是靠 A 的资金才开起来的。

第二，在操作过程中，每一个因素的权重、每个人的股份占比都是多方同意的，而不是某个人拍脑袋，不是讲江湖义气，不是酒后许诺，以后即使吵架也有依据。

1.4.3　不建议小生意起步阶段合伙

合伙有好处，也有坏处，但我不建议开店做小生意合伙，起码起步阶段不建议合伙。为什么呢？

第一，个人决策快，两个人以上决策慢。一个人开店没有各种制约，特别是在你个人能力很强的情况下，决策效率非常高。我个人认为一个店老板的决策速度，对市场和需求的反应速度，可以很大程度上决定一个店的生存和发展质量。社群里一位开咖啡店的老板，买一台咖啡机的决策权本属于自己，但是合伙人居然不同意，而且决心抗争到底。整个晚上谈判毫无结果，导致这位老板的国庆促销计划全部泡汤。出现这种情况，店不倒闭才怪。

第二，即使合同里写清楚决策权归谁，用处也不大，口头约定更不靠谱。中国人讲人情，说话做事总要考虑别人的感受，特别是做一些别人不能理解的决定的时候。合作伙伴有一个不高兴的表情，你也许就要迟疑半天。但是在开店过程中，很多东西别人看不懂，你也难以解释清楚，只有你心里有数。

第三，生意起步阶段，或第一次开店的失败率很高。遇到困难时，一个人没有退路，只能全力以赴，有了合伙人，很容易形成"三个和尚没水喝"的局面，大家相互推卸责任，甚至由战友变成敌人。

开店起步阶段最好的形式是夫妻店，因为夫妻是利益共同体，力往一处使，内耗少一些，不用花很多时间来处理各种复杂的人际关系。至于现在很多创业导师说的，创业一定要有合伙人，他们说的是有资本参与的那种创业，有着不同的玩法，行事逻辑跟我说的小本创业做生意是不同的。

1.5 节约型开店

第一次开店，省钱很重要。做好规划和设计，掌握好方法，坚持原则，可以省去很多不必要的开销。

- 在选择项目的时候，就要量入为出，有多少钱就开需要多少钱的店，不要超出自己的能力范围。如果开到一半没钱了，或者店铺起步阶段生意不理想，缺少流动资金，局面会相当被动。

- 在设计一个店的运营模式时，模式要轻，不要有太多的固定资产投入。比如我开店，就不会找地段很好的铺子，而是通过后期比较强的产品竞争力、外卖业务和提高顾客黏性来提高营业额，这样也可以降低投入。
- 尽量不加盟。如果加盟，加盟费、管理费、设备差价、物料差价、原材料差价，都是多出来的成本。
- 找店的时候尽量找不要有转让费或转让费过高的店铺。转让费在开店投入里的占比也往往比较高。没有转让费，可能瞬间就省了十几万元。
- 缩短交房租的周期。有些房东要求月交，有些是一季度一交，还有些是半年或一年一交。加上两个月房租的押金，这也是一笔不小的成本。为了降低资金压力，当然房租周期越短越好，押金越少越好。

第 2 章

老板的任务是造一台赚钱机器，而不是成为机器的零部件

一个店就是一台机器，老板要成为这台机器的设计者、运行者和维护者，而不是成为里面的一个零部件。

2.1 为什么你开店总是问题重重？因为从开始就错了

我们先从开店笔记社群里一位老板遇到的问题开始介绍：

老陈，你好！我是开美容美甲店的，店现在开起来了。

但是第一次开店完全没有经验，价格不会定，也不会定位客户群体，感觉店铺有很多问题。13号试营业到现在八天总收入大概只有2000元，因为我的价格定得很低，就是不敢提价格，怕价格贵，客人不愿意进来。现在心里感到各种恐惧无助，靠的就是文眉和脱毛赚一点钱。

我完全不知道谁是我的顾客群体，到现在连价格表都没有一张。我现在该怎么办才能把店做起来？心里总有一千万个想放弃的念头，但是投入了那么多钱，又有点不甘心。

每当看到这种问题，我挺无奈，因为这种问题是根上的问题，很难解决。我还经常遇到类似的问题：店装修起来了，价格还不知道怎么设定，也不知道对谁宣传。说这种问题难以解决，是因为它本质上不是定价问题，而是开店缺乏顶层设计。这是大问题，不是小问题。定价是一个技术性工作，属于策略执行层面。不知道如何定价，背后说明老板没有竞争策略，更没有以需求为导向的开店思路。

我常说做事需要顶层设计，就是先要在战略层面做好规划，然后才做具体事情，这样做事才不会发生方向性偏差，不会犯大的错误。

对于开店来说，顶层设计其实一点也不难理解，就跟建一座房子一样，脑海里要确定一些基本的信息：建在哪里，外形做成什么样，预算多少，建多大，几层楼，多少个房间，等等。

我们做生意本质上是帮一些人解决某种问题，从而获得利润，开店是一种解决问题的方式和方法。那进一步思考，我们是帮谁解决问题，具体解决什么问题，这是在开店前需要弄明白的。这个就是顶层设计的"顶"。比如案例中的老板，他的顾客群体可以很多：可以是针对情窦初开的爱打扮的初高中女生，可以是收入较低文化层次不高的蓝领女性，可以是小白领，还可以是上了年纪的爱美女士，等等。选择任何一个顾客群体，店铺的位置选择、价格、装修、宣传等要素都是不一样的。

为什么不一样？因为每个群体的喜好、收入、审美都是不一样的。那我们开店，从位置的选择，到店铺的装修，到海报的制作，到价格的设定都要围绕着选定的顾客，而不是根据老板自己的认识和喜好。比如，十几岁的女中学生和四五十岁的阿姨，她们的品位肯定不一样。

明确了帮谁解决什么问题后，还有一个问题也需要考虑，就是顾客为什么要选择你。因为开店是要面临竞争的，你要把店开好，就要想清楚我为什么可以比别人做得更好，我有什么独特的竞争优势。

是同样的东西我更便宜，还是我可以提供不一样的东西，还是我更专业,更懂某些人的需求,更能解决他们的问题?这里涉及竞争的三种最基本策略:低成本策略、差异化策略、专一化策略。

你如果能通过各种方法把做美甲的总成本降下来,比如采用机器人美甲,大幅减少了人工成本,就可以把价格做低,顾客会买账;你的文眉如果不仅仅能让人变美,还能完善人的面相,很多人也会愿意买账,甚至客单价可以做到1万元以上,这就是差异化的价值;如果你只给学生做,那便可以往二次元文化上靠,这些人就会成为你的忠实粉丝,因为只有你懂她们,这就是专一化的力量。

总之,店铺开起来前,店应该开在老板脑海里。建房子前没设计好图纸,就可能还要拆了重建。

2.2 开店要解决顾客一个明确而具体的问题

有老板说,有时候觉得很不公平,为什么街边的苍蝇馆子,没环境,没服务,但就是生意爆满,而自己苦心经营,花大钱一点一滴用心装饰起来的店却无人问津,问题到底出在哪?

下面这位老板的案例就很典型,光装修他就花了30万元。老板很困惑,为什么自己这么用心却不赚钱?但在我眼中,这位老板犯了很多严重的错误,没有尊重开店的基本规律和基本原则。

这位老板说:

我的店目前刚装修完不到一个月,装修投入了大概30万元,和旁边的店相比算是装修得很好的(旁边的店都是小门面,很不起眼,也有一些破破烂烂的麻将馆、理发店、诊所)。租金水平不算高,因为店铺位置一般。

过完年后开始试营业,店开在自己住的小区楼下,不临主路,对面有个公园入口。公园附近刚进驻了一批互联网企业,现在估计有1000人,后续还会增加。周边有两所比较大的医院和一家健身房，平时人流量不大，天气好的话来公园散步的人会多一点。

我们店大概110平方米，有一个书吧，可以看书、玩桌游，还有两个包厢，可以喝茶和打牌，主营产品有饮品（主打鲜榨果汁和牛奶）、简餐（主打烫饭和沙拉）和点心（自制饼干、甜品）。

店的理念是健康生活、积极社交，目标人群是周边的居民和附近在互联网公司上班的年轻人，为他们提供一个环境优美、舒适的去处。

目前试营业，还没有印菜单和宣传单，每天平均十几单生意，营业额在500元左右。我算了下成本，每天营业额至少达到1500元以上才能挣钱。

现在我有三点疑惑：

一是产品问题，我请了两个人做事，白天他们守店，晚上我和我爱人守店，我们都没做过餐饮，现在做的产品技术含量都不算太高（果汁、沙拉、烫饭），口味还行，但没有很大的亮点，出品速度慢，品质也不稳定。

店里现在点的比较多的是烫饭（比较清淡，口味还不错，适合病人吃），附近3公里都没有卖这个产品的，目前是我们的主打。后续菜单还准备加进沙拉等轻食。

但是现在店里人手不太足（工作日两个人，周末三个人），我担心品类做多了（中餐+西餐+果汁），生产和品质都会跟不上。而且容易弄得太泛，不仅产品没特色，成本也高。所以到底我需不需要这么多种产品？产品的品质到底重不重要，还是说达到及格就行了？

二是产品的定价问题，现在的定价是人均消费50元左右，毕竟装修摆在那儿，定价不想太低，但也怕价高了客人不来。

三是店的定位问题，我到底要通过什么方式吸引客人过来呢？是食物还是店内的活动？后续我会做会员制，给办充值卡的会员提供额外的福利，比如每月×次的免费包厢/小吃，或者在店里举行一些分享会、读书会。

我接下来会去附近的小区居民家里收书，把他们家里闲置的书籍收到我们店里来，贡献了书的居民可以免费来书吧看书和休闲，也顺便可以宣传我们店的理念。还有人建议我把书吧提供给附近的小朋友做作业用，并收些费用。现在我也有些疑惑了。做这么杂到底好不好？是不是需要明确店的定位才行？

在分析案例之前，先要理解需求和供给两个概念。

假如你遇到问题了，需要找人帮忙解决，通常会思考以下三个问题：

- 我的问题是什么？
- 需要找谁解决？
- 为什么是找他，而不是找别人？

这代表需求。

如果你就是给别人解决问题的人，那也要考虑对应的三个问题：

- 我是谁？
- 为什么是找我，不是找别人？
- 我有什么不同？

这代表供给。

既然开一个店本质上就是要解决一部分人的特定问题，那老板就要在众多问题中，优先考虑这三个问题：

- 我的店要解决哪些人的哪些问题？
- 我的店有什么不一样的地方？
- 顾客为什么会选择我，而不是别人？

我们来看一下案例中的老板，对应上面的三个问题，就会发现老板面临的实际上不是定价问题，也不是宣传问题，而是不知道要解决谁的问题的问题。

问题一：老板在文中提到了周边上班的白领，也提到了附近的居民，提到了病人，还提到了小朋友，这些人的需求是不一样的，不可能在同一个店里解决。

问题二：这家店的特色是装修很不错，比附近的店都好。但这个优势能不能解决顾客的问题呢？显然不行，因为没人进店会是去参观你的装修的。进店前提一定是因为顾客的问题能够得到解决，问题解决了，好环境才有价值。

问题三：顾客来这里是为了填饱肚子吗？那还不如去隔壁的苍蝇馆子；顾客来这里是为了休闲放松吗？放松的人可能直接去公园了；是解决白领们的商务社交问题吗？但你擅长的却是适合病人吃的烫饭，而且也没有咖啡。

这几个问题问下来，会发现，这个店解决不了任何一部分人的问题，或者说不能比别人更好地解决某些人的问题。那想让别人掏钱就难了。

这些问题本来应该在开店前就考虑好，现在店开起来了，很多东西已成事实，推倒重来成本太高，直接放弃太可惜。好在针对性的调整还是有可能把这家店救活的，因为租金成本不算高，这给了老板试错空间。

我觉得老板接下来要考虑四个问题：

第一，确定做谁的生意？我觉得对面的白领是不错的选择。

第二，想想他们有什么问题需要解决？白领的商务社交是有市场的，一方面要能满足其基本需求，如填饱肚子，有喝的咖啡，另一方面环境又不能寒碜，能让人坐得住。

第三，拿什么来解决这些问题？老板说准备重点推烫饭，这不是需求导向的解决方案，拿适合病人吃的烫饭放在商务场合是不符合场景需要的。咖啡、商务套餐要准备，这是商务场合的标配。那么好的咖啡机就应该买一台，店里的音乐也要轻柔浪漫。

第四，如何让目标顾客知道？内部整顿完之后，就要把自己的好东西告诉别人，大力宣传是早期的重要任务。开个店，如果白天交给店员，自己只是晚上过来看看而已，那无论有多好的东西，店都很难做起来。

这些思考，就属于开店前的顶层设计。

2.3 什么是目标顾客？从一家社区生鲜店如何跟菜市场竞争说起

前面说了开店是解决一部分人的问题，这一部分人就是目标顾客。目标顾客这个概念太重要了，是开店的一个源头概念，接下来会花较多篇幅谈谈这个概念。

先以社区生鲜店为例说起。

社区生鲜店最开始是因为很多小区离菜市场远，才有了生存空间。它为社区居民提供的不仅仅是新鲜的蔬菜和水果，更是一种便利性。就因为这种便利性，即使店里的蔬菜比菜市场要贵得多，顾客也可以接受。

但是，如果仅仅把社区生鲜店的存在价值理解为便利性，那就把事情简单化了，而且可能会因为这种不全面的认识失去发现生意的机会。

我住的小区离菜市场并不远，走路也就10分钟，但小区有家生鲜店的生意居然很不错。菜市场的蔬菜品种更丰富，更新鲜，价格更便宜，为什么这家店依然能够存活，而且活得不错呢？

让我留意起这家店是因为我妈妈也经常从这家店买菜，我很奇怪，对价格这么敏感的妈妈怎么突然这么舍得了？她告诉我她在这家店只买菜苔，因为他家的菜苔新鲜、嫩，做活动的时候比菜市场还便宜。

经常路过这家店，看到里面的购买人群有像我妈妈一样的老人，但更多是年轻人，而且下班后到晚餐前这段时间是高峰。我自己也买过几次，菜的品种虽然不多，但是大部分蔬菜经过初选加工，有些甚至已经洗好、打包好。我如果自己做饭，也会选择在这里，而不是去菜市场，因为这里省掉了很多麻烦，干净卫生，而且不用跑远。

所以，一家成功的社区生鲜店，除了提供了便利性之外，离不开以下三点：

第一，牢牢把握核心顾客群体的需求。社区生鲜店的核心目标顾客不是去菜市场买菜的阿姨，而是上班族。 这些人晚上下班后，希望吃上自己做的饭菜。但他们很忙，所以社区生鲜店将很多菜洗好，加工好，打包好，就是方便这些人选购，也为他们节省了做饭的时间。

因为提供了更细致的服务，价格自然就贵些，而这些人本身在买菜时是价格非敏感型顾客，这就让老板有了足够高的毛利。

第二，更加灵活的经营方式，不放弃主流的买菜群体。 这些人对价格敏感，于是老板会经常利用一款产品做特价，吸引他们的目光。比如我妈妈经常买的菜苔，就是属于他们的引流产品。引流产品也许不赚钱，但是有人气了，会带动店里其他产品的销售。

第三，要更加精致，无论是蔬菜本身、包装、装修环境还是服务态度，都要往高处走，而不是向菜市场看齐。不跟菜市场比蔬菜的数量，而是强调每种蔬菜的精挑细选；不比价格，而是承诺蔬菜的绿色有机，只有这样，才能让忙碌而又注重生活品质的上班族产生信赖。

虽然菜市场便宜，有些人就是不喜欢去菜市场，有些人会说这些人懒，有些人却看到了机会。社区生鲜店和菜市场，面向的就是两个不同的目标群体。

2.4 知道你的目标顾客长什么样

有老板说：

"目标顾客这个概念并不适合所有类别的生意或门店，像自助餐还有我开的包子店，老中青幼的顾客都有，我想套用目标顾客这个概念做下改进就会感到茫然，不知道从哪里改变。您说我这种中低端包子店怎样做目标顾客定位呢？"

认为有些生意无所谓目标顾客，或者觉得大家都是自己的顾客，这种认识是不正确的。任何生意都只能服务一部分人。虽然有些店做的是大众生意，但是这个大众是针对"小众生意"而言的，大众并不是所有人的意思。就比如上面这位老板说自己的店是中低端包子店，其实就排斥了高端早餐消费群体。因为有的人讲究的是吃饱、实惠，有的人讲究的是精致、营养、口味。

划分目标顾客不应该简单地按年龄或性别来分，还要结合其他影响消费决策的一些因素来区分，我认为比较重要的有：

- **收入水平**：毕竟消费就要掏钱，这是影响消费的主要因素。假如你的早餐店开在一个高端社区，产品的价格弹性就很小，单价 10 元和 20 元对顾客来说区别可能不大，甚至价格越贵，越能赢得他们的信任，他们会觉得你的用料比别家好，更安全和健康；而面对收入水平低的群体，你涨 5 毛可能人就跑光了。这种区别会直接导致开店策略完全不同。

- **文化程度**：不同的文化程度对周围事物的认识是不一样的，而且相差非常巨大，体现出来就是消费意识、消费习惯和消费审美的差异。不同的文化程度对应的产品选择、价格制定、店面装修、卫生要求、接待方式、宣传手法都是不一样的。
- **职业**：职业的不同会导致工作条件和生活方式的不同，满足他们的方式也不一样。
- **对生活的态度**：有些人天生讲究，有些人生活随意，有些人在乎内在的质量，有些人对外观设计的要求很高。不同的生活态度，自然会产生不同的需求，你不可能同时满足完全不同的两种人。
- **购买的动机**：顾客购买你的东西是为了什么？是为了体验新鲜，还是贪图便宜？是因为便利，还是为了炫耀？有心理学家统计过，消费者购买东西无非是出于下面六种动机：求实、求廉、求新、求美、求名、求安，基本上概括了消费者的购买决策动机。

如果你能认认真真地观察店里的顾客一段时间，再按照上面的几条标准描绘你的顾客，顾客肖像就出来了。观察顾客是为了明晰他们的需求，更好地满足他们。

2.5 比"目标顾客"更重要的是需求

有一种情况需要考虑到，就是产品的使用者和购买决策者不是同一个人,换言之,目标顾客是两类人。

举两个例子帮助大家理解。

案例一:我女儿和布娃娃

我女儿看到布娃娃就要买,让我头痛不已。经常路过的两家店都卖布娃娃,但我只会去其中一家,并不是另一家东西不好,或者服务不好,而是因为我常去的这家店里每种布娃娃都有大中小型号,大的要100元,小的只要15元,每当我女儿看上其中一种布娃娃的时候,我就挑小的买给她。她得到了喜欢的布娃娃,我们也省了钱。

很多时候,产品的使用者和购买决策者并不是同一个人。这两家店的目标顾客都是孩子,使用者就是孩子,但是做出最终购买决策的是他们的父母。这个时候,店主的产品组合和价格设置就非常有讲究了。为什么我只选择其中一家店,因为他家店有小号的娃娃,我可以省钱。

案例二:土货生鲜店

一位老板很看好农村土货生鲜的生意,经过长时间的思考和调研,准备开干,还写了一份开店规划。不得不说,他思考得很深入,我读完之后,可以很清晰地知道他要开成一个什么样的店。但他这个店想要开成,也是有难度的。

对于他这个项目,我的担心就是目标顾客和实际购买人的需求差异。他这个项目的目标顾客是大城市中高收入的"70后""80后",是对食品安全很敏感,对价格不敏感的人。但是实际购买人并不是这些人,而是他们的父母,父母的消费观念跟子女是不一样的,甚至是相反的,比如对价格更敏感,对食品绿色有机与否倒不在乎。

根据目标顾客装修的店铺、选择的产品、制定的价格、策划的活动,对负责一家食品采购的上了年纪的父母能起作用吗？这是老板要认真考虑和解决的问题。如同前面的布娃娃店，其产品如何同时做到既受直接目标顾客喜欢，又让掏钱的人喜欢，就是这位老板要思考的。

这种产品的"使用者"和"购买者"分离的现象在现实生活中是很常见的，店里的活动有时也可以利用这种分离来制定相应的策略。

比如当我发现我店里有款产品经常被顾客用来请客后，我就针对这款产品做第二件半价活动，效果非常好，很受顾客喜欢。因为花钱请客的人用了更少的钱达成了一样的目的，从而增加了他们的消费频次，我们也因此增加了营业额。

2.6 开店小白不知道目标顾客是谁怎么办

有老板会说，我从来没有做过生意，我也不知道要做谁的生意。下面说说如何解决这个问题。

对于目标顾客的理解可以分为两层：

第一层，你要知道你的目标顾客是些什么人：年龄、性别、文化程度、收入水平以及在什么地方工作。把这些标准具体化，一部分目标顾客的样子就出来了。

第二层，了解他们为什么购买你的东西，在什么场合下消费，解决了他们什么痛点。举例，比如开甜品店，甜品可以解决顾客很多痛点，比如解馋、平衡饮食结构、社交、瘦身代餐……以上每一种痛点都有对应的店或品牌。

以我开的甜品店为例，我的目标顾客就是一部分在乎生活品质的女性，甜品已经成为她们生活中的必需品，是她们的刚需。但是她们的痛点是担心吃多了会变胖，我的产品就是要解决她们这个痛点，想吃的时候就尽管吃，不仅不会变胖，甚至还能帮助瘦身。解决这个痛点就成了我的店运营的使命。我的产品开发、宣传,都会围绕这个痛点来做文章。

当然,发现顾客的痛点是需要一个过程的,不可能一蹴而就,可以先做好第一层的工作,就是认清有哪几类顾客及其大概的需求。比如你要开个饺子店,那可以先做顾客需求调研,怎么做?有一个简单易行的方法:

第一步,可以到四种类型的饺子店观察,分别是社区店、写字楼店、商场或商业街店、城中村店,看看不同类型的店里都是哪些人去消费,什么时间去的,都点了什么,这个阶段就是看人。

第二步,看看不同类型的店的消费时段、客单价、主力消费产品,不同店的顾客看重什么,店面大小、装修情况如何。

第三步,思考自己更适合做什么样的店,更倾向于服务哪些人。不同的顾客对于产品品质、店面装修、价格接受水平、服务的要求都会有差别。顾客没有好坏之分,适合自己的就是好的。

如果是开店新手,做了以上三步后,可能还是感觉身在云里雾里,不过没关系,以后你的顾客画像会随着实践的深入越来越清晰。而且,你做了,会帮助你想清楚很多问题,不做,可能会错得更加离谱。

事实上,如果你开店前有目标顾客这个概念,就已经比很多人强了。很多新手开店,思考的最多的就是把店开成自己想要的样子,而不是顾客想要的样子。

2.7 顶层设计就是做好 8 件小事

"开店需要顶层设计"这个理念在我脑海里形成是在我开第一家店失败后面壁思过时;在第二家店成功运营一年后,我才有了更加清晰的思路。一次失败,一次成功,让我想通了很多事情。

关于开店如何做顶层设计,前面的几节内容都是为这节内容做铺垫。要整体性地理解如何开店,就要先明白开店的本质,明确供给和需求的关系,进一步理解目标顾客的概念。

常有人问我，开店有哪些"套路"？开店顶层设计的8件小事就是套路，掌握好了，开店就像搭房子一样简单。

这8件小事就是：**面对的群体是谁，店铺在他们心目中的位置如何，产品要做到怎样顾客才满意，价格定多少才合适，店开在哪里顾客才找得到，装修的怎样顾客体验才会好，利用什么方式才能把信息高效传递到顾客那里，什么样的运营模式才能使开店赚到钱。**

接下来，我通过三个案例让大家深入理解顶层设计的含义。

失败案例一

说到开店的失败案例，最清楚的当然是我第一次开店的经历。

那时我工作了几年，手头有点钱，够开一家店。一直觉得广东的肠粉不错，决心把地道的肠粉推荐给上海人民。都说开店的位置一定要选人流量大的地方，我算算手头的钱，勉强能承受一个月3万~5万元的房租。然后我开始找铺子，徘徊街头一个月，终于找到一个人流量很大、房租也在四五万元的位置。接下来开始装修，装修期间开始招聘厨师和运营团队。装修完了，人也找得差不多了，于是开门营业。但开门营业就面对着各种生死考验。

这就是我开第一家店的简单过程。完全没有顶层设计，想到哪里就做哪里。我几乎没有问过自己以下问题：店应该做成什么档次，肠粉要做成什么口味上海人才会喜欢吃，喜欢吃肠粉的顾客是哪些人，这些顾客在哪里出现得比较多，他们能接受什么价格，餐厅应该装修成什么样子顾客体验才会好，店铺的流程怎么设计，怎么做运营成本才能更低……

自然，开业后这家店很多先天性缺陷就慢慢出现了：

第一，自己不懂产品，厨师说怎样就怎样，我没有任何发言权。而且产品体系也无法稳定下来，每次换厨师，就要换一拨顾客，宣传就要重新做，设备就要重新买。一个那么脆弱的餐厅，一次小小的折腾就要填进去五六万元。一年时间换了3批厨师，辛苦赚的钱又都填进去了，让人心力交瘁。

第二，肠粉客单价低，无法支撑高房租店铺的运营。无奈之下增加饭、菜和炒粉、炒面，后来又增加了粥、汤、点心，菜单上最多的时候有130多种菜品，导致出现很多问题。东西多了，出品速度就慢，顾客体验就差了，浪费也严重了。

第三，因为附近的顾客是上班族，上班族中午吃饭特别在乎价格，但有隔壁的快餐店在，我的价格上不去，成本又下不来，所以营业额虽然看起来很高，但是利润特别少。

最终，在勉强维持了一年之后，我选择了转让店铺。

各位对照一下自己开店的经历，前面说的8件事情自己做到了哪些呢？如果你开的店成功了，是做对了哪些事情？如果失败了，是哪些事情没有做到位呢？

曾经两位老板跟我诉说过他们的困境，虽然是不同的行业，却是一样的问题。

一位是做进口食品的，店面开在小学对面和批发市场旁边，生意很差。进口食品的大部分顾客应该是注重生活品质的女性，但是老板说路过的人群以中老年人居多。人很多，就是不进店。

另一位是加盟的珠宝首饰品牌，我看了她的产品和店面图片，发现都是上了年纪的女性喜欢的东西，但老板的店开在了年轻人居多的商业街。加盟的尽管还是个大品牌，但加盟公司总部在店加盟以后基本上就撒手不管了，只管压货。生意不好，老板也很无奈。

这两个案例表面上看起来是位置选择错误的问题。但是问题的根源是没有基于自己的项目或产品定位自己的顾客群体，没有基于目标顾客群体寻找合适的位置。

出现这种问题,是很难通过局部调整来改善局面的,只能大改,要不就换项目,要不就换开店位置。这样一折腾,亏钱是必然的。

失败案例二

这位老板是我在小城市开店时认识的。她觉得小地方做烘焙的多,但是卖烘焙原材料的不多,所以想做烘焙原材料的生意。做烘焙原材料生意不能不懂烘焙吧,于是她去学了一段时间烘焙课。光有理论知识还不行,还要懂烘焙店老板的心理,于是她又去烘焙店实习了几个月。

实习完之后是找门面。找到门面后,她告诉我店已经在装修了。我跑去一看,很惊讶卖烘焙原材料的店怎么开在一个江边的独栋民房。有三层楼,有小院子,环境很优雅。她说她不仅要做烘焙原材料的生意,还要做烘焙 DIY。说 DIY 赚钱,不仅能培训烘焙技巧,还兼卖原材料。

又过了两个月,房子终于装修完了,过去一看,发现一楼是水吧,有座位和包厢,还有一个烘焙操作间,二楼变成了棋牌室,三楼变成了员工宿舍。

让我更疑惑的是,怎么没见原材料仓库和货架呢,还有 DIY 的烘焙教室呢?她说,原材料市场太难做了,这两个月一直在跟原材料供应商谈,发现线下做这个一点优势也没有,比如最基础的奶油,网上卖得非常便宜,还送货上门。烘焙原材料卖不了,DIY 也做不了。但房子租下来了,只能做其他了。

所以,变来变去,变成了四不像的一个店:水吧+烘焙店+棋牌室。

营业后,生意从来没有好过,老板郁闷了。

想想看,这位老板有没有顶层设计呢?有没有想过开店的 8 件事?显然是没有想过。要不然怎么会铺子租完之后还有那么多不确定,做那么大的调整呢?折腾来折腾去,不仅把自己整累了,把顾客也弄迷糊了。

开实体店，非常重要的一项工作就是店铺位置的选择，位置选择了，就不能变动了，因为位置确定，门口经过的人数和人群结构就确定了。因此，这就要求你在开店选址前想好店铺顶层设计的 8 件事，确保你选择的位置符合你店面的定位。

失败案例三

一位老板投资 40 万元加盟了一个茶饮店，开业一段时间后的营业额几乎让老板窒息。月店租 1.5 万元，员工工资 1.2 万元，每个月固定成本超过 3 万元。按照老板提供的毛利水平，这个店每天营业额至少要做到 1800 元才能保本，但是店里营业额从来没有超过 500 元，平均水平在 300 元左右。

他的店位于深圳机场附近的一个小商圈，店铺的对面是一家酒店，斜对面是商贸城、工业园区、一座写字楼和少数几栋公寓，旁边有大大小小的快餐店和小超市。餐馆的消费水平普遍在 10~15 元，周围的消费人群主要是蓝领工人和少量的白领。工人工资普遍在 4000 元左右，消费能力一般，他们的消费要求是便宜、快捷，对产品品质要求不高。

这位老板的项目选择是没有问题的，因为可以与周边的生意业态形成互补，是有成功的可能性的。我见过很多在工业园区的茶饮店，生意是不错的。

我认为他最大的问题是定位"做高了"，疏远了与潜在顾客的距离，本来可以形成互补的生意却显得不接地气。在这样一个地方，做低价消费品的成功概率会大很多。

这位老板的房租是 1.5 万元一个月，按理说人流量是不错的，但是进店人数实在太少。第一天开业人数最多，也才 40 个人，说明这个店在那里实在是格格不入，让路过的人觉得"我肯定不会消费里面的东西""我对这种店毫无兴趣"，当顾客这样想的时候，就是店的定位出了问题，老板展示给顾客的东西，不是目标顾客想要的。就是我常说的，老板开了一个自己想开的店，而不是顾客想要的店。

可能是哪里出了问题呢？

第一，装修。装修就跟一个人穿的衣服一样，可以大概看出一个人的性格和品位，顾客一看店铺形象就会想这个店是不是自己的"菜"。这个店的装修让这里的顾客觉得有距离感，觉得消费不起。

第二，价格。一个蓝领工人吃顿饭也就15元，这位老板菜单上的饮品价格平均都在15元以上。

第三，选品。蓝领也有休闲的需求，但是他们需要的东西，他们喜欢喝的东西未必跟写字楼里白领们消费的东西一样。

所以，老板要做的调整，不是单单把价格降下来就可以解决的，一个店整体的"气质"没有改过来，即使把价格都调到10元以下，也未必可以吸引顾客，留住顾客。

最终，老板还是把店亏本转了出去。

通过这三个失败案例，读者应该对开店的顶层设计有了更深刻的理解。接下来，再细化顶层设计的8件事。

（1）面对的群体是谁？

为谁提供服务，他们有什么样的特征，消费能力如何，他们喜欢什么，不喜欢什么，等等。

（2）店铺在他们心目中的位置如何？

顾客的需求是什么，痛点是什么，你有什么资源和能力，竞争对手做得怎样，如何更好地帮顾客解决问题，通过这几个问题找到自己的合适位置。

（3）产品要做到怎样顾客才满意？

产品品质要达到什么水平，包装要如何，外形应该如何，如何与竞争对手相区别。

(4)价格定多少才合适?

顾客能接受的价格范围是多少,竞争对手是如何定价的,自己采取何种竞争策略,定价水平能不能达到实现盈利的最低要求。

(5)店开在哪里顾客才找得到?

店开在哪里目标顾客容易找到,使顾客购买产品的时间成本和精力成本最小。

(6)如何装修才能带给顾客更好的体验?

装修是一个店的衣装,它不仅是店面形象的直接体现,更是顾客体验的直接影响因素。小店老板不要按照自己的审美来装修店铺,而要依据目标顾客的审美来设计,最好请个设计师做简单设计。

(7)利用什么方式才能把信息高效传递到顾客那里?

不同群体的顾客喜好和品位是不一样的,他们获取信息的方式和对信息的理解方式也不一样,这就决定了对不同的顾客群体,应该采取不一样的宣传推广策略,这样,信息的传递才会有效率和效果。

(8)什么样的运营模式才能让开店赚到钱?

店面运营模式虽然看不到,却串联着一个店所有因素。产品是一个店价值输出的载体,而运营模式的作用就是让价值的输出变得有效率和效果。产品或服务是让顾客爽的东西,因为顾客花钱就是为了得到它。运营模式是让老板爽的东西,因为老板赚钱都是因为运营模式效率高,成本低。

这么多件事情,是不是想得头疼?头疼也要想。再次说到"麻烦守恒定律",任何人要干成一件类似的事情,遇到的困难总量是差不多的,如果你把麻烦放在前面解决了,后期的麻烦就少了;如果前期你怕麻烦,躲着它们走,这些麻烦就会在后期找上你,那时候解决麻烦的代价就更大了。

第 3 章

"小而美"的本质是盈利能力和风险控制

3.1 不失败,是开店的第一目标

我有10年驾龄,虽然驾驶技术一般,但是从来没有出过险,也没有跟人有过剐蹭。这得益于我的风险意识。开店跟开车有很多相似之处,都要把"安全"放在第一位。开店说的安全就是风险控制。

社群里曾经有个很揪心的案例,老板这样跟我说:

老陈,我加盟的是一个麻辣烫品牌。开业已经一个多月了,每天都在亏损中,心情真的特别压抑。这个店我们是贷款做的,现在每天的营业额只有五六百元钱,根本不够交房租和还贷款的。

本来想轻松点所以做了个加盟店,谁知道现在身上的债务是越背越多。

真的不知道自己下面应该怎么做了,是继续坚持半年再看看,还是现在就把店转让出去?

第3章 "小而美"的本质是盈利能力和风险控制

一家店早期生意不理想,其实是正常的,因为店里的调整需要时间,顾客从不知道到知道到接受一家店也需要时间,老板对于运营的调整更需要时间。老板焦虑可以理解,但是不应该在这个时候就想到放弃。

为什么这位老板感觉撑不下去了?是因为贷款的原因。贷款创业无可厚非,说明老板善用杠杆,善借外部资源。但是留足后备粮食,防止开店不顺也应该在开店前就想到。多少后备粮食算足够?我认为起码应该做到店半年没生意,老板也能够不慌张,也可以支付得起租金和还贷款。这半年时间就是老板破茧成蝶的一个阶段。

从这一点看,老板的风险意识不强。开店,不要想着如何成功,而是要想着怎么不失败,进而想到如何预防失败,这就是有风险意识的表现。

老板的心态对店面的影响是非常大的。坚持还是放弃,就是老板脑海里的一个念头而已。如果风险控制做得不好,心态很容易崩溃,往往会把一个小问题放大,把正常的困难当作天大的问题。遇到危险,选择逃避是人的天性,因为逃避是最简单的,所以老板最后会问:"我是不是应该转让店?"

类似的案例经常出现在开店笔记社群里,尤其是那些开了店遇到困难才加入社群的老板。他们信心满满把店开起来后,发现生意远远不如预期,压力下就想到放弃,一个店都还没有捂热就凉了。这样的失败,不仅仅是亏钱,老板也失去了一次在实践中成长的机会。

我第一次开店第一个月就亏损七八万元,我爱人也绝望地想过放弃。我之所以后来能坚持一年,第一步是想办法扭亏为盈,因为只有盈利了,在物质上才能坚持下去;第二步是不断地思考解决一些更深层次的问题,特别是模式问题,只有解决了模式问题,才能规模发展。后来发现这家店有很多先天性缺陷,这些缺陷是从一开始就注定了的,要不没法改变,比如自己不懂产品的问题,固定成本太高的问题;要不就是改变起来代价太高,比如产品标准化问题,运营模式效率低下问题。意识到我在现有条件下已经无能为力了，这才决心放弃。如果我过早放弃，那永远也不会知道我是为什么失败的。

开车一定要时刻预判，做生意也一样，只有当我们预判到开店过程中可能出现的各种问题，等问题真的出现了，才可以不慌不忙；而且，如果真的做到了预判，往往问题在早期就被化解了。

各种领域里都会有一些"老司机"，"老司机"们并不是不会犯错。相反，"老司机"开店也会遇到很多问题，也许是由于自己的原因，也许是由于外部的原因，不过，他们能够在问题出现之前发现预警信号，准备好应对方案，给自己时间和空间调整。

3.2 付出同样的努力，赚更多的钱

某天晚上，我在市里最繁华的地段吃了一碗花甲粉。出于职业习惯，我看了一下花甲粉店小票上的流水号，顿时让我想到了另外一家花甲粉店。那家店是郊区一个楼盘的住宅底商，两家店的店面大小都差不多。

做同样的产品，因为成本结构不一样，这两家店有着完全不同的盈利能力，我估计老板的生活质量也肯定不同。

先说好地段 A 店的情况：超一流商圈、地铁中转站、高档写字楼、高级商场，基本上拥有了一个好地段的所有特点，所以租金自然也贵，20 平方米的店面 30000 元一个月。住宅底商 B 店是在两个小区的中间，只做两个小区的生意，两个小区加起来大约 8000 人，房租 5500 元一个月。

那天是周日，是商场店和小区店生意都比较好的时候，来看看两家店的情况，看完后就知道哪个店的老板可以活得轻松点：

A 店那天的流水是 96 台，看它的菜单，台均 25 元，周日的营业额大约为 2400 元。商场里定价比较高，所以店的毛利率应该可以达到 80% 左右，毛利润为 1920 元。一天的房租为 1000 元，两个员工的工资约为 250 元，水

电费 100 元，其他费用 100 元。净利润为 470 元。

B 店已经开了两年，我经常光顾，一般都可以做到 100 台，台均约 18 元。周日的营业额应该可以达到 1800 元。由于位于小区里，店的定价不是很高，毛利率大约在 65%，毛利润为 1170 元。一天的房租为 183 元，夫妻档，无员工，水电费为 80 元，其他费用为 50 元。净利润为 857 元。

日营业额 2400 元，A 店老板拿到手只有 470 元，而 B 店虽然只做了 1800 元的日营业额，但是老板到手的钱有 857 元。这就是盈利能力的差别。

A 店要开起来，最起码要 50 万元预算，B 店用 15 万元基本可以搞定，两店相差的不仅仅是回本周期长短的问题，更有经营风险大小的问题。

A 店老板如果不是大老板，生活过得肯定不好，因为现在店还在保本阶段，高额的运营成本每天都会让老板提心吊胆。

B 店老板没有用员工，每天肯定很累，但是却更赚钱，这就是拼搏的意义。

一般来说，不建议小个体去最好的地段开店，尤其是开店新手。因为最好的地段往往意味着高额的运营成本，一般情况下是生意好但利润低，如果生意不好，就会亏本。最好的地段更适合品牌企业开店，他们是为了布局，是为品牌发展服务的，目的可能并不是赚钱，只是参与竞争的需要。而且业主普遍更喜欢大品牌，他们能签长期合同，房租往往更便宜。

3.3 生意好但不挣钱的店

通过 3.2 节，我们知道固定成本对于一个店盈利能力的影响。这一节再看看盈利能力对一个店的运营有多重要。

一位老板问我她开在商场里的一家店要不要继续做下去。她给了一些数据，我整理如下：

月营业额	110000 元
月房租	35000 元
月人工费	17500 元
原材料费	33000 元
电费	5000 元
宣传费	2000 元
其他费用	1000 元
净利润	16500 元
净利润率	15%

她的店开在当地最好的商场里,她花了九牛二虎之力托关系拿下一个铺子,位置很好,人流量很大,所以租金也贵,四十几平方米每月 35000 元的租金,还逐年上涨 10%。

在营业额最好的月份,这家店的盈利才 16500 元,生意差点的月份就是保本的状态。她压力很大,同时也很困惑,每天生意不差,特别是周末,忙得底朝天,怎么就挣不了多少钱?

造成这种情况的原因就是固定成本过高,固定成本高,盈利能力就差。

"生意很好,但是不挣钱"听着很矛盾,不过却是很多店的现状,尤其是开在商业街、步行街、商场里的很多店都是如此,因为这些地方的店都有一个共同特征:房租特别贵,运营成本特别高,每个月挣的钱都是给了业主、员工和供应商。

经常有人羡慕一些大品牌生意好,比如某奶茶品牌,前些年生意很好,门口经常站满人,但我不羡慕。它的产品是一个个现场做出来的,出单效率非常低,一个店动辄八九个人,人工成本相当高,这是其一;其二,强势品牌对加盟商的要求非常高,选址一定是在核心地段,这些地段的租金转让费都非常高,所以店面固定成本一定是非常高的,那么盈利能力就可想而知。看着每天门口熙熙攘攘,可是老板的心谁懂!

3.4 月租金 7 万元的店，不是"小而美"

这位老板的情况是这样的：

老陈，有个开店的问题想请教。有个奶茶店的项目，不知道要不要做。背景大致是这样，我和我朋友合伙，她有资源：

（1）认识品牌代理，原定 15 万元的加盟费我们可以只出 5 万元；

（2）合伙人有商场资源，能拿下位置好的店面；我这边主要是出钱和人（之前没干过，可能要辞职创业）。

店面是在一线城市的热门商圈，旁边有网红饭店，周围竞品不多。

目前的担心主要是后续的运营费用过高，房租固定每月要 7 万元，店面 35 平方米左右。加上人员成本，也就是说每个月要有 10 万元流水才能勉强不赔不赚（我是这么预估的，如有偏差请指正）。

一家奶茶店，客单价 20 元左右，我实在想象不到一个月能有这么高的流水。所以我的疑问是一家在一线城市热门商圈的奶茶店，平均月流水大概在多少？

当然我知道有运营的问题，要线上线下两头抓。我本身就是做运营出身，还是比较有信心的。现在就是想象力不够，实在不了解行情，不敢盘下来。

这种铺子当然不能要，可以说，成功概率是很小的。为什么把话说得那么绝对？因为：

7 万元的月租金成本太高了，很少有奶茶生意能在这种地方盈利。这种地方的店有三类：

- **第一类是大品牌店**。大品牌自带流量，不愁生意，商场会给予很多租金减免和支持政策，以此带动商圈的人流量。即使有些品牌店不赚钱也没有关系，因为他们在此开店可能是出于战略布局的需要，是品牌广告效应的需要。大品牌店的经营逻辑千万不能学。我认识一位品牌连锁店的经理，他们店开了四五年了，一直就不赚钱。为什么还要开着呢？因为需要布点。公司是要追求上市的，战略布点的需要大于店面盈利的需要。

- 第二类是各种自带光环的网红店。这些店通常是一些很牛的团队运营出来的，凭借着线上和线下铺天盖地的宣传和引流，一时风光无限，成了打卡胜地。但这种店铺的生命力通常不长，而且对老板或团队的运营能力要求非常高，也需要很多资金投入。
- 第三类就是有些钱但不懂或不怕死的开店新手开的店。这类店就是商场的"现金牛"。商场从大品牌那里赚不到多少租金，可能还要补贴大品牌，小个体是求着进商场的，想占个好位置还需要找关系。但是，这类店铺的倒闭率最高。

操盘这种店需要极强的能力，虽说这位老板自己也是搞运营出身，但是开店老板的运营能力和平时在一个公司里做运营工作的能力是不同的。在公司里，自己只是系统里的一环。做事有人配合，有人给钱，有人给资源。最重要的是，自己不用负最终责任，是在无压力状态下进行的；而开店是要自己去赚钱，人未必有，资源基本上为0，每天一睁开眼睛就是成本。

这个店远远超出了一个新手的操盘能力范围，风险是很大的。

其实，理性算算账就知道有多难了：房租7万元的店，营业额至少要到20万元才可以保本，这意味着一天就需要将近7000元的营业额。对于一个现做现调，客单价只有20元的奶茶店来说，是一个不小的数字。

这里的保本营业额是怎么算出来的？先假设人工成本加原材料成本需要5万元，水电物业费2万元，7万元+5万元+2万元=14万元。假如他的毛利润率是 70%，那么用固定成本除以毛利润率，即 14 万元/0.7＝20 万元。

如果老板能力特别强，开起来了，业绩还不错，那也会非常累。我是不会做这种店的，我在上海开的第一家店就是这么一家店，看着热闹，但盈利能力差，经不起商场的"风吹雨打"。

相对于这种"大店"的痛，小而美的店就很有价值了。

以我的一个社区店为例，小而美，营业额不是很高，生意也不是很火爆，但就是赚钱，经得起折腾和风吹浪打。

我那个社区店平均一个月有 5 万元左右的营业额，不算高，比起那些网红店可能差远了，但是我的成本低，除去各种开支，还能盈利两三万元。

房租 2800 元一个月，两个员工 9000 元的工资支出，水电等其他费用 1500 元，加起来每个月 13300 元的支出，毛利率我按照 60% 来算，得出保本营业额：13300 元/0.6≈22166.67 元，每天的保本营业额只要 738 元，很轻松就可以完成，即使冬天生意最差的时候也是盈利的。

当你老是想着往人流量最大的火爆商圈冲，想着开业时候的火爆，一年赚几百万元的时候，不妨想一想下面两点：

（1）根据你的能力，你觉得每天做 800 元的营业额容易点，还是做 7000 元容易点。如果你觉得做到 7000 元不难，因为人流量大啊。那考虑下面的第二点。

（2）你是愿意每天一睁开眼面对一天 4666 元的固定开支，还是愿意面对 443 元的固定开支？

第一组数字告诉你达到保本营业额的难易程度，另一组数字告诉你每天的固定开支承受极限，自己一定要掂量掂量，不可贪大贪快。我们拼杀在残酷的战场上，如果大品牌有飞机、坦克、大炮，我们个体老板的武器只有一把匕首。

这里还要提醒老板：我们往往会高估自己的能力，低估开店的难度，低估市场的残酷。

3.5 "慢一点，小一点"的新手开店策略

我常说：开店要慢点，不着急。准备好了再开，没准备好就不开。

为什么要慢？有两个原因：

- 开店前有很多东西要准备，比如项目的选择，产品的打磨，对各个商圈的熟悉，对目标消费者和竞争对手有更深入的了解，等等。这些事情需要有意识有目的地去了解，不是一两天可以完成的，需要时间。
- 开店后也要慢，要给自己成长的时间和空间。人的成长是需要时间的：学习到的东西未必是自己的东西，要实操一遍，才能真正变成自己的；实践过程中很难一次就做对，往往需要不断试错，这个方法不行，试试其他方法，一遍一遍尝试，纠正，再尝试。这些都是一个个过程，都需要时间。

假如你的店开了，业绩不理想，也不要急着放弃，过早放弃了，就真的失败了。因为损失的不仅仅是开店的金钱投入，更是老板自身的能力锻炼。

成长，不是你知道一件事情不能做，而是要知道为什么不能做，理解背后的底层原因；更要知道如何做才能够做起来，一正一反折腾两遍才能悟透决定成败的关键因素。

从这个意义上讲，我 8 年前失败的第一个店在极其艰难的情况下维持了一年是很值得做的一件事情：

- 从高成本低盈利的困境中，知道了开店的成本在开店后是很难降低的，降低成本应该是开店前要做的事情；
- 从与厨师斗智斗勇的过程中，懂得了自己把控产品的重要性，所以才有了后来不遗余力的产品研发；

- 从运营模式的不断调整中，了解了对一家店来说，产品很重要，但是运营模式也很重要，因为模式决定了运营的效率和规模扩张的可能性；
- 从亏本到盈利的折腾中，知道了自己原来可以改变很多东西，命运可以自己控制，而不是任凭他人摆布。

但是，慢一点是有条件的，假如下个月房租都付不出去了，人员工资发不出来了，原材料也买不起了，那坚持下去是很痛苦的。

所以，**不仅要慢，而且要小**。

"小而美"不仅仅是一种"草根"开店的世界观，更是一种开店方法论。这个方法论，会让开店成功率大大提高。即使失败，也不至于伤筋动骨。

小而美的"小"是指投资风险控制在自己的承受范围内；模式要简单，易于操作、复制和扩张。"美"，不仅仅强调店铺的盈利能力，更强调自身的能力资源和顾客需求的匹配。

开店的投入在自己的风险承受范围内，即使生意不好，心态上依然可以不紧不慢，找原因，想办法，用时间换空间。很多老板之所以过早放弃并不是找不到解决办法，而是有办法却没有时间实施了。

"小"是个相对概念，因为每个人的经济实力不一样，有些人投10万元就算多，有些人投100万元也是小数目。量力而行是关键。

开店，无非就是顾客、产品、价格、宣传、活动、资金、资源等要素的重新组合，以及对曝光、进店、转化、留存的重新梳理。问题一个个排除，流程一个个梳理，总会找到问题所在。找到问题了，解决办法也会跟随之而来，营业额提高也会很快。

第 4 章

从开店小白到开店专家

4.1 弄懂产品，是开店的第一步

我曾在开店笔记社群里做过一个调研，只针对开店失败过的人，问他们失败的第一原因是什么，排在最前面的一个选项是：不懂。这个问题值得深思。

有一次一位老板问我，他说在一家中药材店打工 3 个月，现在出来了，想自己开一个药店，不知道是否可行。

药材知识不仅专业，而且关乎性命，在中药材店学习 3 个月肯定是不够的，3 年也未必够。如果这位就这样去开药店，就是典型的不懂。对一个生意懂，起码要懂产品，不懂产品就没入门。

什么叫懂？懂的意思是要对一个生意有基本的了解。做一门生意就是要跟这门生意谈一场旷日持久的恋爱。确定关系前要知道这个生意的基本情况，谁在做这些生意，做得怎样；谁是顾客，在哪里，需求痛点有哪些，自己有没有能力满足他们；最重要的是产品有哪些，自己对产品有没有深入的

了解，有什么优势和核心竞争力。

那什么叫不懂？下面这段话道出了一位奶茶店老板对于很多同行的观察：

我是做茶饮行业的，我见过太多老板，奶茶都还不会做，店铺就已经在装修了，然后一边装修，一边去学配方就开始经营了。你让他去冰或者少冰，他完全是懵的，硬着头皮做。所以说，现在那么多奶茶店倒闭也是可以理解的。

试想一下，奶茶都还不会做，店就已经开起来了，还谈什么竞争策略，谈什么满足顾客需求呢。更何况做产品只是运营一个店的一小步而已。

先把店盘下来，店找好之后再看看这个铺子适合卖什么，然后去学什么，这也是典型的在什么都不懂的情况下先把店开起来，感觉店一开门就可以赚钱了。殊不知，这样开店是在一步步走向倒闭。

记得社群里有位老板差点就要犯这个错误：

老陈你好，我是一位宝妈，之前没有开店的经验，最近在喜马拉雅上听到你的节目开始学习。

这几天刚看到以前买过鞋的店铺出兑，老板承诺接手店铺的同时，可以接手供货渠道及稳定的老客户。她是做真皮折扣鞋店的，我在她家买过很多次鞋，鞋确实是真皮，很耐穿，但是款式比较老，客户群体都是四十岁往上的人群，主要看中实惠实用。

店铺在一个市场的背面小巷子里，周围都是几十年的老小区，斜对面有一个菜市场。这家店在这里干了四五年了，最近老板要出手店铺，转行做微商。

你能帮我分析一下，接手这家店可行么？

我劝这位老板要放过这家店，就因为她对于鞋子生意的了解仅仅局限于作为顾客在他家买过鞋而已，这也是典型的还没入门。

如果她接手这家盈利情况本来就不好的店（如果盈利好，老板会转行做微商吗？），失败是大概率的事情。

那么，如何让自己入门呢？开店新手都是没有经验的，那难道不开店了么？当然不是。下面这五件事，能在你掏出真金白银去试错之前，掌握胜算大小：

第一，了解开店是怎么一回事，知道开一家店要经历什么，了解要做哪些事情，哪些事情很重要，是决定开店成功的关键因素。有老板可能会说，我没开过店，怎么可能知道这些事情呢？你只需认真看完这本书就基本可以了解了，还可以关注喜马拉雅上的开店笔记音频和开店笔记公众号，我每天都会在上面更新内容，每天都会分享来自各行各业的真实案例，是老板快速了解开店的捷径。

常识很重要。为什么股市里散户基本不赚钱？因为缺少常识啊，大部分人连财务报表都不会读，连基本概念都不知道，去炒股不就是当韭菜吗？

第二，根据自己的情况，确定适合自己的项目，并对项目有基本的理解。

这个阶段包含两个过程：

一个是发现自己的兴趣爱好、特长禀赋或是拥有的资源。很多生意看上去都挺好，但是自己不喜欢不擅长，而且也没有相关的资源，就不要选择。

可以去一家同行的店打工。你想开服装店，那就去一个服装店里打工。了解一家店的基本运营，可以试着把自己当作这家店的老板来思考问题，你就会发现更加深入的门道：比如货从哪里拿，怎么选址，怎么销售，怎么宣传，怎么做活动，怎么维护顾客关系，等等。提前感受一下开店当老板的感觉，也能从中学到一家店的具体管理应该怎样做。

第三，可以给自己找个师傅带你入门。可以找做类似行业生意的亲戚朋友，也可以向打工店的老板学习，你只要虚心求教，用心学习，而且这个人愿意带你，那就可以帮你少走很多弯路。开店失败的代价是很大的，损失的不仅仅是钱，还有时间和自信心，所以，找到好老师带你是一件性价比很高的事情。

第四，如果条件允许，可以以低成本的方式试试自己的产品行不行。 比如摆摊，摆摊的好处太多了，投入小，可以培养自己做生意的感觉，可以测试产品、定价，可以深入了解目标顾客都是些什么人，需求是什么，还可以顺便赚钱。

如果有些项目不能摆摊，就试着在微信里卖，也能发现很多问题。总之，就是低成本起步，热热身。

第五，做些基础调研工作，比如跑商圈，走街道，看竞争对手，观察顾客，有很多基础工作可以做。

这些事情不分时间先后，可以同时做，也可以分开做，做得差不多了，我相信你就不再是新手了，开店也就是顺其自然的事情了。

4.2 迷茫才有希望，但需要走出第一步

先看一位朋友的迷茫：

老陈，你好，我今年25岁，大学毕业两年了，国贸专业，毕业后在大公司做外贸跟单半年。之后结婚生子，到现在有一年半没上班了。

我现在不想去公司上班，想着创业开店，希望两年后能有一家收入稳定的店铺，有自己事业的同时可以兼顾家庭。

我大学四年浑浑噩噩过来的，没有社会经验，也不知道开什么店，现在很迷茫。到处看关于开店的知识，我很赞成老陈小而美的开店理念，于是一直在关注，也加入了社群系统学习开店知识，希望老陈和各位老板们能给我一些建议。

迷茫的时候最缺的就是行动，迈出第一步就不会迷茫了。选择对不对没关系，但是要去选择。即使不对，最起码会知道"干这行我为什么不行"。

比如，这位朋友现在就可以去一个小店打工，当然首选感兴趣的行业，进去后就开始观察学习，一段时间后就会找到自己的位置，学习到一些之前想破脑袋也想不到的东西。如果觉得不合适，就继续找下一个感兴趣的生意。不合适的做多了，就知道自己适合什么了。

我觉得，如果你确定以后就走开店这条路，或者起码想试试此路通不通，条件具备的情况下，要越早越好。年龄越大，负担越重，心思越多，心态越难平和。

我开店是在我 30 岁的时候，刚结婚，没买房，没有孩子，敢把全部积蓄用来开店。现在过去 8 年了，假如是现在这个年纪让我出来开店，虽然人生的阅历更丰富，资金也许更充裕，但是牵绊也会更多，一定会更加犹豫不决，会更加害怕失败。

偶尔也会跟之前的同事和同学等同龄人交流，他们得知我自己出来单干了，都很钦佩我当时的勇气。我不认为他们是假意奉承，而是真心表达了他们内心也渴望自己创业，但又因为现实的牵绊不能行动的纠结。

所以，从某种角度上看，如果你现在正在开店，无论好坏，其实都应该庆幸自己的选择，这是一种自主的、积极主动的、正能量的、不被人支配的生活状态。这样的人生，不就是很多人梦寐以求的吗？

现在是我开店的第 8 个年头，开店笔记的老观众、听众应该都清楚我这些年的经历。在开店的前两年，我过得很惨，东飘西走，搬家无数，到开店的第三年，才步入正轨，过上正常生活。

第一次开店失败后，我犹豫过是否找地方上班，但很快又打消了念头。但是继续开店做什么生意呢？去哪里生活呢？其实都没有答案。

那时候想过很多自己可以做的生意：

- 甜品，自己懂，店里的甜品吧盈利能力高，隐隐约约感觉可以把它单独做成一门生意，但是也不确定；
- 想过做烘焙西点，自己喜欢吃，产品可以标准化；
- 也想过做生鲜生意。那时候，生鲜市场风起云涌，投资市场很看好；
- 还想过做牛杂店，自己喜欢吃，食材事先备好，出品很快；
- 甚至想过跟我亲戚一起开个织布厂。

一段时间一个主意，整整一年时间我都不是很明确将来要干什么。这段时间可以说我什么都没有做，但也做了很多事情，包括：

（1）一直在打磨之前店里的几个产品，这个工作花费了将近半年时间。

（2）去了一家线上烘焙品牌打工，想看看别人是怎么运营一个快速发展的线上品牌的。有三个月时间，我就奔波在上海的各大写字楼间试吃蛋糕。

（3）去各大生鲜品牌线下店和生鲜批发市场考察，到小区门口的夫妻蔬菜店考察，跟他们凌晨一起去进货。

（4）考察过很多牛杂店，也打过很多牛杂原材料批发商的电话，从网上买过牛杂回来自己加工试验菜品。

（5）去拜访纺织厂开得很好的亲戚，了解投入、投资回报率，甚至在亲戚的厂子里待了3天看看自己到底喜不喜欢这行。

（6）离开了上海，去考察我以后可能生活的城市，并且找到了一个店铺。于是就这样在一个五线城市开始了我的第二家店。

列举这些事情，是想说明迷茫时期的一个很有价值的做法，那就是"行动起来"。

不知道以后做什么没关系，但是要给自己安排一个行动计划表，找出哪些事情可以去做，从而帮助自己做选择。

这个过程虽然艰辛，但是过得非常充实而且有意义，这种成就感是在一个组织里很难体会到的，这种对于未来生活的信心也是难以在一个组织里找到的。因为命运把控在自己手里！

4.3 开店前先上个开店"学前班"

有人问，家人反对我开店，怎么办？

我说：摆摊。

有人问：我没钱，怎么办？

我说：摆摊。

还有人问：我没有经验，怎么办？

我说：摆摊。

咦？"摆摊"怎么成了灵丹妙药！？

别以为我在开玩笑，这是我很真诚的建议。对很多人来说，先摆摊再开店，是最优起步路线。因为这里蕴含着一个重要的创业方法论：以最小试错成本起步，从而降低失败风险。

这个方法是被很多企业验证过的能够系统降低创业风险的方法。在《精益创业》书中，作者告诉我们如何利用"最小化可行产品"去快速验证假设，并根据结果不断调整前进的方向。意思就是在开店之前，应该测试我们的产品，接触我们的顾客，得到他们的反馈，使自己的假设得到验证，自己的产品也会更加接地气。

我认为，摆摊就是开店创业一种不错的"最小化可行产品"，它拥有一个店的基本功能，但是投入大大减少，更重要的是经营方式更灵活。"更灵活"这一点很重要，因为这意味着你有很多调整空间。若发现这个位置不好，可以换另外一个位置；若发现产品接受度不行，可以进一步改善产品。

光是这一点，就价值无穷。为什么？因为在更换位置的测试中，你会看到我们开店中两个很重要的信息：

- 可以更精确地知道自己的产品主要是谁购买，从而精准圈定目标顾客。
- 可以更准确了解不同消费场景对营业额的影响，比如一个熟食摊，在写字楼区、菜市场、居民区、地铁口、大商场附近，营业额和利润水平肯定是不一样的。

还有一位听众告诉我，他想开店想疯了，深思熟虑了很多年，技术也学会了，相中的位置也有铺子空出来了，资金也到位了，但是真要动手干的时候，家人要死要活地百般劝阻，怕他血本无归。他没有办法了，问我怎么办。

我说：摆摊。证明给他们看！

你说我开店要花十万元，家人当然不愿意，十万元多难挣啊！但是假如你拿着挣到的十万元给家人，他们还会不愿意？

所以，**摆摊成了他唯一的正确选择，简直是一箭四雕**：

- 能挣钱，起码不会亏钱。
- 产品受不受欢迎可以得到验证。
- 给家人信心，让他们看到你能挣钱，能摆平顾客，能独当一面了。
- 给自己信心。很多时候，别人对你没信心，是因为看到了你没信心的一面而已。

摆摊，最终是为了不摆摊，是为了证明自己的想法，同时也是给自己上了一个"学前班"。

4.4 有好产品，不妨朋友圈里先卖起来

还有个低成本试错的方法，比摆摊还容易操作，就是在微信里卖东西。

在微信里卖东西，不是要你成为微商，而是在开店前试试水。

先看看几年前社群里一位老板分享的故事：

我有个朋友，他从体制内辞去了公职，闲着没事就想卖自己家乡的茶叶，于是找了几个朋友出谋划策。听他介绍完，大家纷纷表示不看好，并扔给他一堆问题。比如你的茶叶有啥卖点，和别人比有什么竞争优势，有没有品牌，产品包装设计够不够炫酷，等等。

面对大家的质疑，他也懵了，原本以为他会放弃，可万万没想到，过了两天他竟发了个朋友圈，大致意思是自己要拿出100盒茶叶免费送人。不要钱！当然，这个"免费"是有条件的，即如果你觉得茶叶好喝，请你帮忙发个朋友圈，把这款茶推荐给周围朋友；如果不好，没关系，权当送你的福利。

你猜，这件事后续如何？

凡是拿了他免费茶叶的人，没有一个好意思不发朋友圈的。正所谓"吃人嘴短，拿人手软"，那个月，他靠这种"免费"的方法卖出一千多盒茶叶。再后来，这个老板靠着这一千多个用户攒下的口碑，逐渐开始系统化地搭建自己茶叶生意的品牌之路，整合供应链，找设计做包装，建渠道做分销。

这个故事可以给想开店创业的老板很多启发：

- 做事前，不要被想象的困难吓倒。
- 凡事要有自己的判断，旁人的意见不是那么重要。
- 找到一种低成本试错的途径，对于能不能把一件事情做成至关重要。

其实，有些困难本身的产生就是因为缺少第一步行动，缺少自己独立的判断。

有些人有好产品，但是一直纠结开不开店。问遍家人和朋友，都觉得没有成功的可能；跑遍商场和街道，感叹房租太高，业主太黑；吃遍竞争对手,恐惧竞争太激烈。

但是,为什么不把产品做出来在朋友圈里卖一卖,为什么不干脆下班了之后去找个地方吆喝吆喝,为什么不去找个店老板聊聊看能否放在他们店里销售。

走出了这个低成本试错的第一步,就会有很多启发,这些启发就是照亮你前方黑暗道路的灯光。

不上路,就永远不知道路在哪里,通往何方。

Part Two

第2篇

开店选址：

天时不如地利

第 5 章

安置你开店抱负的地方，值得你花心思寻找

5.1 开店从选址开始，好的开始是成功的一半

先说说我对门店的理解：

第一，门店是引流的工具之一。门面之所以有价值，就因为门口有人路过，附近有人居住，门店的租金就是流量费。它是一个引流的工具，是一个线下的引流场所。我们还可以从线上各种平台引流到店铺。

第二，门店是产品的信任背书。产品和服务因为有门店，顾客会更加信任。顾客不怕你干完坏事就跑路。这就可以解释为什么有些店周围的人流量并不好，但是生意却很好，因为这个店有顾客基础在，在江湖上有良好的口碑，口口相传，用自己的信用制造了流量。

第三，门店是筛选顾客的方法之一。门店是一个过滤器。不同的门店过滤出来的人群结构和数量是不一样的。顶层设计开店的第一理念就是"只做一部分人的生意"，那么一个店筛选出来的人是不是自己的顾客群体是非常

值得考虑的问题。人群结构比人流量更重要。同样的两个店，同样的人流量，但因其不同的位置，生意就会不一样。你要做农民工的生意，那工地附近是最好的选择；你要做白领的生意，那就要去写字楼附近。即使你的顾客是白领，也要注意他们相差很大，如果你的快餐客单价是 50 元，那可以在陆家嘴、金融街这样的商圈选个位置；如果客单价只有十几元，选址在普通的写字楼周边就可以了。

第四，门店决定了一个店的成本结构。店铺的租金，以及周边的竞争情况会极大地影响一家店的成本结构，租金是固定成本，每个月都要支出，往往占成本很大一部分；而竞争对手则会影响日常的运营成本，对手随便搞个活动，自己店里不是营业额下降，就是营销成本上升。

一个店面好不好，要看其"盈利能力"，即净利润率，而不是营业总额。我第一家店一个月的营业额为 21 万元，剩下来的净利润是 3 万元，现在的店一个月营业额 10 万元，剩下来也有 3 万元，这就是盈利能力的差别。我反复强调"小而美"，其核心就是"盈利能力"，也代表着一个店的生命力。这种思维导向会让我们不再追求店需要多高的流水，多豪华的装修，多好的位置，以及多大的场子，等等，转而追求店铺的精益化运营。

现在开店不得不面临两个头痛的问题：

第一，开店成本越来越高了，主要是转让费和房租上涨厉害，但是人流量却没有增加。

第二，竞争愈发激烈了。

一是来自线上的竞争截流了一部分顾客。二是近几年商圈多了，商圈和商圈之间的较量有增无减，分流严重。这个有时比线上分流还严重，原本好好的一个商圈，人流量骤降，原因可能就是相隔不远的新商圈把人抢走了。面对这种情况，商圈内所有的商家都要遭殃。三是同一个商圈里，同一个品类都会有几个品牌竞争，热门的品类面临的竞争会更多。这就需要商圈内的参与者有过硬的底子和不一样的模式、不一样的玩法。

5.2 开店选址，要像斯巴达 300 勇士一样选择战场

军事上，地形的选择非常重要。

《孙子兵法》里说："知敌之可击，知吾卒之可以击，而不知地形之不可战，胜之半也。"意思就是说：虽然知己知彼，但不知道地形，那么只有一半的胜算。

《孙子兵法》还强调一个很重要的方法论："故善战者，致人而不致于人。"就是说要通过地形的主动选择，来调动敌人，让别人到我这里来，而不是被别人调动。要把战场变成自己的主场。

为什么斯巴达 300 名勇士能抵挡波斯帝国十几万大军的前进？因为他们守住了一个狭小的隘口，波斯军队人多的优势在这个狭小的口子里发挥不出来，光在这里就死了 2 万多人，血流成河，尸体堆积如山。所谓"一夫当关，万夫莫开"，就是指这种地形。

兵法要义对于我们开店有很实在的指导意义。**本质上，我们开店选址，就是在选址战场。**

选址，很多老板都会犯错，包括我的第一家店，选址就存在巨大问题。在选址这个环节上，我们必须理解选址更深层次的含义。我觉得可以从三个方面来思考：

第一，选址意味着选择竞争对手。

社群里有位老板很苦恼。他卖同样的东西，之前摆摊能卖 1000 元，于是信心满满重金开店，每天却只能卖几十元。发生了什么变化？主要是竞争对手变了：之前的竞争对手是同一条街上的摆摊人，这位老板的实力相比还比较强；但后来他选择了在一个 30 年老店旁边开店，而且老板还选择了正面硬拼的竞争策略，但他的实力跟对方不在一个层级，结果可想而知。

不同的竞争对手，运营的思路和策略都应该有所调整。

第二，选址意味着不同的作战成本。

有位老板原本计划开一家儿童玩具店，里面有各种孩子喜欢玩的手工类玩具，同时出售一些儿童读物。老板计划开 150 平方米的店面，开在商业区。

如果在商业区开这样的店，老板的投入和运营成本就会比较高。对此，我的建议是，对于开店新手，就应该降低自己的作战成本，先把店开在几个大型小区附近。只要人群足够，客流是稳定的。相对在商业区开店来说，竞争对手少，成功率会更高，也更适合新手摸索。退一万步讲，即便失败了，损失也没那么大。

第三，一个具体的位置意味着相应的作战策略。

既然有不同的竞争对手和不同的运营成本，那策略就应该有所改变。我开社区店的开业策略跟之前开写字楼店的策略就不一样。以前，写字楼店的开业活动做过免费吃，一炮走红。而社区店不需要一炮走红，社区的人不多，都是长期居住在这里的，迟早会知道新开的店。而且考虑到社区店面临众多的非目标顾客——老年人群体很多，于是新店的开业就设计为"充值送"活动。这样不仅通过活动筛选出精准顾客，还利用充值留住了顾客，提高了顾客黏性。

当你更深层地理解了选址不仅仅是选择了一个实体店铺，而是选择了店铺背后的各种要素后，你的选址就不会那么匆忙和冲动了，而是会系统思考适合这个店铺的发展策略。

5.3 选址的本质是选人

有些老板总会问，我的店是开在商场还是街边呢？是开在小区旁边还是写字楼附近呢？这样问问题，说明老板选址没有标准，最后选的位置大概率会出问题。

选址表面上是选地方，实质上是选人，选择目标顾客。眼里如果没有目标顾客，那就会受到"目中无人"的惩罚。

　　社群里一位医生准备弃医从商，开一家主打治疗颈肩腰腿痛的养生店。他现在感到很迷惑，一会问位置的选址，一会问开业活动的设计，一会问如何打开市场，一会问会员如何管理，但是一直没有谈他打算做谁的生意。不回答这个问题，其他问题就难以找到正解，这是所有问题中的核心问题。

　　很多人都会腰酸腿痛，年轻人、中年人、老年人都有，他们的发病原因和身体状态不一样，他们习惯消费的场所也不一样，他们对于装修设计、治疗方法和价格的感受自然也不一样。

　　这些各种"不一样"，要求老板在店还没有开起来的时候就予以充分考虑。如果主要是做老年人的生意，那开在小区附近是不二的选择；如果是针对年轻人，选址的范围会大很多，开在写字楼集中的地方、商场、小区、街边都可以考虑，只要是目标顾客容易看到、方便到达的地方都可以。

　　我以前喜欢把店开在写字楼附近或者商业街，后来我觉得要试试不同的可能性，于是就选择了开社区店（主打甜品）。社区店和写字楼店有很多不一样的地方，比如，消费时间不一样，写字楼店的高峰时间段在中午和下午，而社区店的高峰时间段在晚上；购买理由也不一样，商业街做的是顾客逛街时打发时光的休闲食品，是闺蜜聚会、聊天场景下的社交产品；而社区店则主要是做图方便的快捷产品。

　　不同里有一点是不变的，就是目标顾客是同一批人，只是购买场景有所不同。

　　当然，这种尝试也是有风险的，比如目标顾客密度这个问题。写字楼或商业街的目标顾客密度都比较大，而社区无论是总人数还是顾客密度都要低不少。而且小区有很多出入口，很分散，店铺的曝光率要差一些，这些都是缺点。

很多人选址困难，就在于纠结于缺点，如何看待每个店址的缺点呢？

（1）**首先要知道，无论你选址选在哪里，都有缺点**，这是必然的，不存在完美的店址；如果你觉得有完美的店址，那说明你被优点遮蔽了眼睛，只是暂时没发现缺点而已。一个店有缺点不怕，怕的是你不知道它的存在，以至于没有应对方案来弥补缺点带来的不足。

我知道社区店的缺点了，对它的预期和运营策略就会调整，比如宣传周期会加长，宣传方法也会有改变，通过更多的渠道让顾客知道我们的店。

（2）**分析优点能不能盖过缺点**。比如我的社区店，月租金2800元，每天只要90多元的租金，如果营业额不理想，可以给我足够的空间来调整作战方案，有足够的时间让小区里分散的顾客知道我的店。虽然目标顾客没有开在商业街上、写字楼里的多，但只要宣传开了，盈利是大概率事件。

（3）**看能否把缺点变成优点**。这也是一个选址时思考问题的角度，社区店虽然人少，但是竞争也少，同行都看不上，这意味着顾客选择就少了，我只要做好了，就可以成为他们不得不选择的选项。如此一来，生存空间反而就更大了。

再举例，社群里有一位老板说：他准备把店开在一个城中村，顾客主要是周边写字楼里的人和住在城中村的人，他担心的是，他看上的铺子所在的那条街上的其他店都是破破烂烂的，犹豫要不要选在这里开店。

我觉得这个缺点从另外一个角度看也是优点，因为在这种条件下，自己的店稍微装修好点就会从一片"废墟"中脱颖而出，旁边的店破破烂烂并不代表周边的顾客就是喜欢破烂。

5.4 人流量的立体化思考

前面的章节提到了**实体店的挑战之一，就是线上把人流给抢走了**。这是一个事实，不论你喜不喜欢，它就发生着，我们要思考的是如何适应这种现实，如何利用它。

实际上，"实体店"这个词是不科学的，如今线上和线下的界限已经越来越模糊了。互联网巨头这些年都在布局线下，原本线下的巨头也在布局线上，未来的世界，线上和线下是不分彼此的，是高度融合的。既然如此，我们就要利用好互联网，为实体店所用。一个实体店的人流量应该是：线下人流量+线上人流量的总和。**选址时，老板需要对于线上人流量和线下人流量的比例分配做综合考虑。**

举例，看看我的一家店某段时间购买的线上人流量。

可以看到，我近30日从饿了么平台购买了475人次的点击，花了121.80元，这个数是很小的。在竞争激烈的商圈，某些店的线上推广费用可能是我的10倍。费用高出很多有三个方面的原因：

第一是在竞争激烈的商圈，单次点击的价格可能是1~5元，甚至更贵，而我只要0.3元一次。

第二是点击人数会大幅增加，外卖需求旺盛的地方尤其如此。

第三是模式要求，有些店面是专门做外卖的，会有意增加线上推广费用，因为这个费用越高，流量越大，营业额一般也越高。

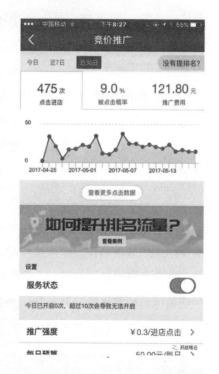

而我的店主要依靠线下人流量，外卖占营业额的20%~40%。而且我也会有意控制外卖订单的比例，因为线上业务的毛利率由于平台费用的原因，会比线下低一些，如果外卖比例增加，会降低整个店的盈利水平。

现在有很多专门做外卖的店，在街上压根没看过其品牌，但在线上的销量动辄月销10000单以上，非常活跃，顾客认可度也非常高。这种只做外卖的店是一种极端的例子，就是零线下流量+100%线上流量。有些传统店，特别是店老板年纪比较大的，店面基本为100%线下流量+零线上流量。大部分店是介于两者之间。

选址时就要考虑这两类流量比例的分配。

线上流量渠道，除了有比较流行的排名流量外，一般还有：

第一，第三方平台的流量购买。比如分类排名、Banner（横幅广告）、首页广告，以及参与各种活动等。第三方平台包括大众点评网、美团、饿了么等，有些地方可能还有地方性的平台。

第二，社交媒体的软性推广。比较流行的有微信公众号推广，抖音、快手等短视频平台大V的探店视频等，都可引流到店。

第三，自建私域流量池，自建社群。利用微信、微博等工具留住粉丝。

我认为，线上线下任何一种流量模式都无所谓好坏。任何一种店铺付出的努力和总体成本都趋于一致。比如纯外卖模式，虽然不用承担昂贵的房租（线下流量费）、转让费、装修费，但是有三大弊端：

第一，宣传和推广成本很高，线上流量成本越来越贵。而且业务完全依靠平台，经常会被平台"卡脖子"。

第二，如果是自建配送团队，配送人工成本居高不下，由此带来的管理成本也会大幅增加。

第三，顾客体验与线下全方位的体验相比还是差很远的。

至于选择何种流量模式，可考虑三个方面：

第一，你的资源和能力。如果你擅长网上推广，玩得转互联网的各种套路，那么低线下流量+高线上流量模式是不错的选择。

第二，你的资金和风险承受能力。如果没钱找旺铺，那么低成本起步的低线下流量+高线上流量模式也是一种选择。

第三，看产品形态，有些东西是不适合在网上卖的，要考虑后面的运营效率是否合算，是否会影响顾客体验。

5.5 为什么选址时应该折磨自己

社群里有一位老板问：

我自己学习了卤鸭脖技术，准备开店，自产自销。现在一直找门面，都一个月了也没找着合适的位置，越来越迷茫了，感觉好的位置肯定有大品牌在，而且周边还不一定有位置；有位置的地方又看不上，因为好多位置太偏了。我现在的心态开始急躁了，希望老陈在选址上给我点建议。

相信这个问题大部分老板都遇到过：好的位置自己够不着，不好的位置自己看不上，感觉自己的预算永远不够，好铺子总是别人抢先一步。时间一长，越来越迷茫，信心越来越少。

这都是正常的。选址的心态会经历这样一个过程：

- 第一阶段：觉得知道自己要找一个什么样的店，跑了几个街区后，发现这个不错，那个也还可以，信心满满。这是肯定自我阶段。
- 第二阶段：仔细一考察，询问租金后，发现事情没有想象得简单。要不人流不够，要不租金太高，要不竞争太激烈。开始觉得自己当初的想法有点幼稚。这是怀疑自我阶段。
- 第三阶段，带着对自己的怀疑，继续寻找，并且扩大范围，发现合适的店铺越来越少，脑子越来越乱，不知道自己想要什么，身心越来越疲惫。这是否定自我阶段。
- 第四阶段，看过了山，看过了水，发现了一些规律。不仅知道自己想要什么，还知道自己一定不要什么。这是顿悟阶段，其实是回到了第一阶段。但是这一阶段的层级要高，因为老板进步了。

如果你知道上述规律，就要告诉自己在迷茫的时候不要放弃，更不要方寸大乱，胡乱选择一个铺子。最优的做法就是继续坚持下去，直到自己到达了第四阶段。

实际上，只要你坚持，一定会找到适合自己的位置。

我一直建议找店面的老板，特别是新手老板，**选址的时间要拉长，因为很多老板会掉入第一阶段自我肯定的陷阱，以为自己找到了一个好位置，但实际上是没看透，是无知无畏的结果。**

怎样才算看透？我认为有几个步骤要做到位：

- 第一，熟悉附近足够多的商圈，看看各个商圈各条街道的发展情况、人流走向和人群结构，以及各个商圈的租金水平、商户情况等。
- 第二，看足够多的铺子，起码要知道什么地段的铺子大概多少钱，转让费多少，对应的人流水平如何。看得多了，就有对比，就知道性价比高低了。
- 第三，观察足够多的竞争对手，了解他们的选址策略、生意状况，做得好的、不好的地方在哪里。
- 第四，形成自己的选址标准和选址逻辑，这个标准要与自己的预算和将来的竞争策略匹配。我的几个店位置都不是传统意义上的好位置，有一家店的位置在我租之前甚至空了一年多。但是我有自己的标准，有对应的运营策略，那个店做下来盈利能力一点都不差。每个老板的生意不同，相应的运营思路也会不同，选址标准也应该不一样。

看完上面的几个步骤是不是感觉很难？新手会感觉难，但假如你开店时间长了，其实平时闲逛就可以把这些事情做完，只是需要你有意识地去想这些事情，做有心人。我平时自己经常到附近商业街、商场、商圈闲逛，熟悉那里的环境，到选址的时候，平时积累的东西都可以派上用场。

做任何事情，都要把握好关键环节。对开店来说，选址是关键环节中的关键，马虎不得。

5.6 如何减少开店选址过程中的信息决策失误

看店铺最大的困惑是什么？是很难看到真实的人流量。因为，早晚的人流量不一样，工作日和周末也不一样。在学校周边，寒暑假和平日的人流量也相差巨大。但是一个店铺空出来，往往是不等人的，你说我要等到周末看看人流再决定，那很可能你刚走，业主就签给别人了。

这就是现实的矛盾。所以说，你某个时点甚至某个时间段观察到的人流量是不全面的，也就是不准确的。眼见不一定为实。我们看到的店铺，其实背后有一个巨大的信息黑洞。而这个信息黑洞有可能是致命的。

换言之，我们签下一个店铺，都有赌的成分。既然签了，就赌自己能做起来。但是赌也要提高赢的概率。这就是信息收集的价值，让黑洞变得没那么黑，黑洞的体积变得没那么大。

有一次，我在一个新的商圈看上了一家店，但疑虑比较多。于是围绕这家店，我做了以下信息收集工作。

第一，跟这家店铺的邻居聊。我由此了解店面的经营历史、租金水平、转让费水平、人流量情况。遇到愿意聊的人，店面的一切东西都可以问，聊到别人讨厌为止。很多东西，转让店铺的上家是不会跟你说的，但是邻居会告诉你。他告诉我"这个转让费是可以谈的"，我心里就有数了。

第二，跟物业聊。了解小区或写字楼的入住率和发展情况、人数多少、男女比例、收入水平，等等。

第三，跟做类似生意的店主聊。聊生意情况，聊目标顾客的流量以及对商圈的看法。有一次，我就跟一位店主聊了很多，他因为生意不好，很容易打开话匣子。他是在一个新商场里，提到了选址在新商场的巨大风险。半年过去了，商场人气依然没有起来，房租 13500 元一个月，但是他每天的营业额只有四五百元，周末虽然可以翻倍，但依然亏得厉害，估计还要守半年时间。

第四，跟附近的小摊贩聊。他们常年在附近跑来跑去，见惯了江湖的起起落落。有天晚上买了个哈密瓜之后，我跟卖哈密瓜的大叔聊了一会。他虽然语无伦次，但是给了我相当多有价值的信息。比如这一带去年人多，为什么今年人少了；还告诉我附近哪里消费能力高，哪里女孩子多，周末人流量如何等很多有用的信息。

第五，网上查找所在商圈的信息，包括城市规划等方面的材料，以对商圈的整体价值做出更科学的判断。

做完这几项信息收集工作之后，你对一个店址的了解就会从"点"到"面"，从平面到立体，认识大大加深。

5.7 开店选址，如何蹲点数人流

除了观察和收集信息外，最重要的是蹲点数人流，这是选址的核心工作之一。

有位老板在一个学校里开了家麻辣烫店，生意不好。后来才发现，这所一千多人的学校，女生才十几个人。这么大的问题没有发现，只有一种可能，就是选址前没有数人流。

关于数人流，有以下几点要注意：

第一，很多人在这一环节偷懒不做，或者做得不好，导致开店后困难重重。这是一个易出错的环节，是选址中的重点也是难点。

第二，要在意识上特别重视数人流这个事情。做任何生意都需要关注"流量"，线上生意就不用说了，线下生意也一样，门口经过的人就是自然流量。**房租的本质是流量费,如果你不知道门口的人流情况,如何评估房租合不合理呢?**

第三,**不仅要数人的数量,也要看人群结构。人群结构决定了人流质量,你的目标顾客占比越高,人流质量越高。**所以,这里其实有个前提,就是你在选址的时候,你已经知道要做谁的生意了,如果这个都不知道,是选不到好位置的。

上面说的麻辣烫店所在的学校虽然有一千多名学生,但是质量不高,因为吃麻辣烫的基本都是女孩子,男生再多有什么用呢!

第四,数人流的时间要够,白天、晚上、工作日和周末,人流情况都会有差别。所以,如果能用一个星期观察,准确性会高很多。

第五,不仅要看人流、人群结构,还需要看大家经过店铺时的状态。这个也很重要,将在 5.8 节详细介绍。

第六,看人流,不能仅仅看门口路过的人,还要看附近的人群特征。附近的人都在什么地方,离你的店多远,方不方便过来,这些都要考虑,而且这也关系到外卖业务的潜力。最好还要看看竞争对手的人流量,由此可以估算进店率,对手的数据对自己也是一种参考。

第七,如果选址的时候才开始数人流,很多时候就已经迟了,因为好铺子出来,可能你一转身就没有了。**你要蹲点数人流,说明你对这里还不熟悉。**所以,这个工作要放在平时做,要在平时就能大致判断出哪个地方、哪条街道适合你的生意,一定要把选址的时间拉长,做足准备,平时有事没事到街上走走,有意识地按照上面提到的几点来做。一旦好铺子出来,你就不用苦哈哈地蹲点了,而是能比别人更快地作判断和决定。

第八,各种商圈人流量分析软件仅能做参考,对选址的价值不是很大。这类软件给出的都是商圈层面的人流量数据,而我们选址是选一个具体的点,也许拐个弯或多走几步,人流就完全不一样了。这类软件的数据对大商超或大店的选址有用,因为他们的生意覆盖面更大。

5.8 选址蹲点，要做的远不止数人流

先看一下社群里这位老板关于选址的疑问：

老陈，我拿了某奶茶的代理，已付加盟费。现在有个位置，我认为可以开，想请你参谋参谋！

店址位于某省会城市最北面的新商场，商圈人口大约 4 万人，周边 3 公里没有其他商业体。商圈内有三所大学，师生合计约 5 万人，距离 500 米到 1000 米不等。学校后街有一条 3 层的美食街，有 5 家奶茶店，我了解到其中一家店的销售额是大约 2000~2500 元一天。我的位置选择在商场二楼的餐饮层，40 平方米，三楼是××影院。店铺租金 5000 元/月，10 月开业，免 4 个月房租。周边有安置房、小高层楼盘，商场对面有约 220 户的一个小区，商场旁边有已售新楼盘，约 400 户。

通过以上数据能否判断选址在这个地方是否可行呢？我认为还不行。因为还缺乏对目标店和目标人群的现场感受。

选址，不仅要蹲点考察人流量，数自己的目标顾客有多少，还要看目标顾客的状态。 因为这些人处在不同的状态，对于同样的产品的需求会不一样，对于价格的接受度也不一样。

有位老板说，要把小海鲜开到电影院门口。另外一位老板提了一个很到位的观点：看电影的人大多是卡着时间去的，对于出品的速度要求很高，小海鲜出品慢会成为问题。其实还有一点也不太合适，就是顾客也许会拿着一杯饮料边看电影边喝，但是很少人会拿着一份海鲜在电影院里吃，这时候还需要备一个垃圾袋吐骨头，还需要忍受旁边人鄙视的眼神。

你看，电影院门口这个消费场景注定了只有一部分产品适合，有些产品就不适合，就因为来这里的人是"不一样"的人。

那如何看出这些人的"不一样"呢？以我的经验，要观察以下几个方面：

第一，这些人从哪里来，到哪里去。为什么超市出口位置的店倒闭率比其他地方都高？因为大家逛完超市出来，消费得差不多了，该买的都买了，收银台交完钱之后就想着回家了，可能还有一部分人在责备自己怎么又花了那么多钱。大家出来后看到商家躲闪都不及，这种心理状态能买东西吗？

第二，这些人是来这里干什么的，换句话说，就是要关注他们的消费场景。上面的电影院是个典型的案例，和男朋友或女朋友来看电影，是多么浪漫的事情，如果端着一碗小海鲜在座位上吧唧吧唧吃个不停，多少有些尴尬。

我有两家主打休闲食品的店，都是开在写字楼附近的食堂旁边，顾客路过是去吃饭的，所以我针对性地开发了代餐系列的产品，一出来便很受欢迎，现在成了店里的主力产品。

第三，他们路过店面时的状态如何。是一个人，还是一家人？是情侣，还是成群结队的同事或同学？心情如何，是放松，还是紧张，是喜悦，还是悲哀？如果你的店开在医院附近，或者公园游乐场附近，那路过的人的特征就很明显。现实中的其他场合，顾客也许不会有那么明显的特征，但也会有一定共性。

老板要在目标店的附近或现场亲眼看看这些目标顾客是如何路过店面的，路过时是如何看到店面的，走路是慢还是快，手里有没有提什么东西……

第四，还要看目标店周边的氛围。包括有竞争关系和没有竞争关系的店，他们的相处是一个什么样的气氛，邻居间的关系如何，各个店的店员之间是如何打交道的，小摊小贩会来这里吗，等等。

这样细致的观察会让你发现许多以前没有发现的问题，也会让你对选址产生新的思考。

5.9 用倒推法演算店铺租金

用倒推法算账在很多地方都用得着。

比如你开个店，希望一年盈利 10 万元，假如净利润 20%，那营业额就需要做到 50 万元，平均到每天就需要做到 1370 元，假如客单价是 20 元，那需要有 68 个客人下单。结合进店率，你会对门口路过的目标顾客数量要求有一个大概的判断范围，这个范围可以帮助选址。

这种倒推演算在店还没有开起来之前要多算算，这会让很多数据由抽象变得更加具体，比如"房租应该控制在多少，风险才较小"这个问题，除了看你自己的承受能力外，也是可以倒推的。

假如你开的是奶茶店，一天营业额按 1500 元来算，一个月就是 45000 元，毛利率按 65%，毛利润就是 29250 元。1500 元的营业额，一共需要 3 个员工（一个收银，一个出品，一个轮班），员工工资总额是 12000 元，水电费按 1500 元，宣传推广费用 500 元，剩下 15250 元。这 15250 元就是租金和老板的利润，租金越高，老板的利润越低，租金越低，老板利润越高。开店总会有个利润目标，比如一个月挣 10000 元，那 5250 元就是租金的上限。

接下来，你要做的就是找一个月房租 5250 元以下的铺子，同时其人流量能够支撑一天 1500 元的营业额。这样算下来，目标就会具体了很多，选址就不会那么迷茫了。

但是，这种倒推法有个问题，就是需要很多常识作基础，离开这些常识，算出来的数字会相差很远。

比如，我为什么假设 1500 元的日营业额，因为这是很多普通奶茶店的营业额水平，如果你没有这个认识，而去参照那些大品牌的营业额，那算出来的租金标准会高很多，从而导致误判。

还有毛利多少、客单价多少、水电多少、利润多少，这些都需要你对行业有大概的了解，说出来的数据才会相对靠谱。

这也是为什么我建议新手开店前要让自己成为一个小白专家，可以请教行业内人士，也可以直接进入这个行业工作一段时间。先入行，目的之一就是帮助自己在算账时更加准确。

5.10 评估房租的性价比

在选址的时候，有个重要工作就是要评估房租合不合理。我先说说我的做法，再说说一些成熟品牌的做法。

我首先会设定一个理想租金范围和租金上限。

为什么要给自己设定一个范围？主要为了提高效率，在找店铺的过程中，会遇到各种各样的铺子，如果每个铺子都要考察一下，效率太低了。租金不在这个范围内的就可以快速跳过。

为什么要有最高上限呢？因为会遇到有些铺子各方面条件都很好，甚至是金角位置，但是一问租金，远超理想范围，那这时候就参考自己的租金上限是多少。超过上限，就要谨慎了。

租金上限怎么得来的呢？是根据一家店的产能算出来的。举我在上海开的第一家店为例，那个店的租金就是典型地超出了店铺的产能承受力。当时的月租金是 45000 元，如果按照餐饮行业简单粗暴的算法就是营业额达到租金的 4 倍可以保本，达到 5 倍可以有微薄的盈利，那营业额就不能低于 18 万元。而要达到比较满意的盈利，起码要到 6 倍以上，也就是 27 万元的营业额。但是按照我们的产品和运营，每天做 9000 元的流水，店里不仅坐不下那么多客人，更重要的是厨房也要瘫痪。

假如我当时找位置的时候，能够根据自己的产品和出品速度预估营业额水平，就绝对不会接受 45000 元的月租金。现在看来，以当时的条件找位置，月租金不能超过 20000 元。有了这个上限，无论对某个铺子多动心，人流量多么汹涌澎湃，都可以忽视。

当然，我这种算法是比较粗糙的算法，用于快速判断。具体到某个店铺，最好还是要数人流和进行盈亏演算。大品牌，尤其是那些国际大品牌，他们都有一套很成熟的计算体系。我简单概括一下他们的做法：

第一步，在目标店铺位置蹲点数人流。不用天天数，而是数四天的人流，分别是：星期一、星期五、星期六、星期天这四天的数据。为什么是这四天？因为一周里，生意最淡的是周一，生意最好的是周六，把这四天的数据拿到手，就能估算出比较客观的周人流量。当然，不同商圈的规律是不一样的，这里说的是商业中心的一般规律。如果换在写字楼区或住宅区，规律就不一样了。

第二步，找个类似商圈的对标餐厅，计算进店率。一定要商圈类似，生意类似的店铺，因为只有类似才有参考价值，麦当劳找肯德基对标就有价值，找中餐馆的意义就不大。

对标餐厅有了，还要蹲点数它的人流量和进店人数。然后用进店人数除以人流量，得出它的进店率。这个进店率就可以作为自己目标店铺的进店率参考。

第三步，进店率出来了以后，就可以用来预估目标店铺的营业额了。这一步用人流量乘以进店率，算出进店人数。然后根据自己店铺的转化率和客单价，用进店人数×转化率×客单价，就估算出营业额了。

第四步，营业额出来后，再根据房租、人工等固定成本，演算投资回报率。

各位现在知道了其实大品牌做基础工作也是做得很扎实的，蹲点数人流这种费力的事情一样要做。不仅要数自己店铺的人流量，还要数对标店铺的人流量。

5.11 开店选址时，如何考虑竞争因素

选址时，竞争对手也是一个不得不考虑的问题。

曾经社群里一位老板分享了自己的开店计划书，写得很仔细，很认真，很全面。但是我看得出来，对于竞争对手的分析，他在刻意回避。

他是这么说的：

竞争对手在商圈内有一家店面积较大，正在扩建升级，80平方米左右；另一对手是连锁店，方圆一公里内有7家，多为60平方米以内的档次偏低的老店。

我的优势是我的位置比任何一家都好，广告位更大，店的面积也最大，档次偏高，如果后期师傅技术好，我就有绝对竞争优势。

不过，我的店铺租金比其他位置高10%左右。

有些时候，我们为了把店迅速开起来，为了把店开在自己看中的地方，就会刻意忽略竞争对手情况。

但是，**竞争情况是选址时需要重点考虑的因素之一。因为即使你不跟别人竞争，别人也会跟你竞争。**

在战略上藐视敌人，并不是忽视敌人。恰恰相反，能够藐视对方的前提是因为重视的结果，是因为自身强大的结果。

《孙子兵法》里面说的"胜兵先胜而后求战"，要胜中求战，不要战中求胜。如果敌人不比我们弱小，或者和我们强弱差不多，而且他没失误，没漏洞，就不能打。否则，打胜仗就是一件小概率事情，而成功的人都有个很重要的原则，那就是做大概率会成功的事件。

在这个案例中，老板的项目是美发，对手也是美发，产品和服务是高度重合的竞争关系，那就更加需要有自己的绝对竞争力。

从他的描述中来看，他是没有绝对竞争力的，尤其是在产品方面，他提

到了位置比对方好，广告位比较多，这并不能算是核心竞争力。因为顾客在理发的时候，尤其是女性顾客，地理上的便利并不是主要的考虑因素，驱车几公里，等几天时间预约一个美发师是很平常的事情。他的目标顾客是中高端的女性顾客，要求会更高。

选址时考虑竞争对手的同时，也要看看自己的竞争策略，思考一个问题：凭什么顾客会选择你，而不是对手？

- 是因为一样的服务你做得更好，你的手艺比别人好，审美比其他人强，或者是跟得上时尚和潮流？
- 还是因为你有着自己独特的风格和路线，别人一看就知道是出自你手。所谓与众不同，就是你可以给别人提供独特的价值和体验。比如听过喜马拉雅开店笔记电台的人都知道我普通话不好，录音也不专业。但我没有废话，不喜欢夸夸其谈，强调理性，保守克制，分享的东西都是真实的开店做生意的经验。这就是我特有的风格，也因为这种风格，很多人记住了我。
- 又或者因为性价比更高？性价比也是一种很有效的竞争策略，你的东西很好，服务很棒，价格还低，通过主动控制自己的毛利获得竞争优势。比如一点点奶茶采取的就是这种策略，东西不错，品牌很大，但是他们的价格一直就是10元出头。看起来很简单，但是当把这种方法当成一种自上而下的整体策略时，杀伤力就出来了。

在分析竞争策略的时候，各位一定要摒弃一种观点，就是通过自己的"神操作"打开市场，获得顾客的青睐。网上很多这样的"神操作"案例害人不浅，号称通过一个巧妙的操作或活动就获得成千上万的顾客，一天回本，一夜崛起……这些案例绝大部分是编造出来的，不可信。

竞争，一定是靠实力，靠普普通通、扎扎实实的基本功获胜。这是笨功夫，也是捷径。

5.12 "草根"开店，拿什么挑战强者

如果你看上了一个位置，租金合适，大小适中，唯一的缺点是有一家实力强大的竞争对手在这里盘踞已久，生意口碑都很好，这时该不该出手？

这是很多老板会遇到的情况。如何选择，这时候一定要谨慎，为什么？

因为别人的牛已经是被证明的牛，是客观事实了，而自己牛不牛还有待两重考证：

第一，能不能满足目标顾客的需求。具体说，就是产品本身的竞争力，这也是最基础层面的竞争。

第二，能不能比竞争对手更好地满足目标顾客。这是综合竞争，因为当产品都差不多的时候，最后拼的就是老板本身的运营能力和资金实力。

打仗的时候，你要占领一座山头（无敌人）和你要攻占一座山头（有敌人）所要付出的成本和代价是完全不一样的。前者拼的是速度，后者拼的是实力。

攻占山头显然更难，因为你不仅要面临竞争对手的咄咄逼人，还要考虑消费者的自主选择。

"竞争对手盘踞已久，而且生意很好"，这一点尤其要注意，说明顾客认可他的产品、价格、服务和体验，要改变这种先入为主的消费者观念是要付出很大努力的。

说个我自己的例子，这些年，模仿我们店的人太多了，我亲眼看到他们一个个店开起来，又倒下。在小城市开店那两年，附近跟我们竞争的四五家店都贴出了转让告示。而这些店，曾经都使出了各种手段准备消灭我的店，比如三番五次来店里挖我的员工，开出高出一倍的薪水，打各种价格战，发单发到我的店门口，亦步亦趋地模仿我们的产品和活动……能用的手段基本都用上了。

估计你会问，有竞争对手就不能选择了吗？哪里没有竞争呢，没有竞争的位置太少了。不是的，选不选择参与竞争要看条件，要问自己三个问题：

第一，我的产品是不是真的比别人强很多，是否已经被市场验证过了。我说的"强很多"，是指具有明显的优势。如果只是差不多，那要看下面的条件。

第二，自己的资金实力是否比对方强。为什么要考虑到钱，因为有一段时间很有可能会打价格战，这基本上是规律，大企业、小个体都如此，国内外也都如此，价格在哪里都是商业竞争的常规武器。

第三，如果都有钱，那就看老板的个人能力。这个能力是综合性的，产品研发能力、宣传能力、顾客关系维护能力、做生意的经验、战斗的决心和意志，等等。

评估下来，你如果觉得没问题，那就做，而且要大做。

5.13 开店前必须知道的三张表

很多老板喜欢"事后算账"，而不是在开店前做好测算。事后算账只能总结，改变不了任何事情，而事前算账是计划。有计划就有目标，有目标就会提出行动方案，就可以做出预判和调整。

为什么要算账？因为选址时，一旦你发现了一个满意的铺子，感性的东西往往会冲昏你的头脑，这时候数据会让你回归理性。

开店前这三张表一定要算出来。

投资预算表——需要投多少钱

运营成本表——这个店经不经得起折腾

盈亏平衡表——这个店容易不容易做

我以第一次投资失败的餐厅来举例说明这三张表。这家餐厅地处上海繁华地段，面积150平方米，中高档装修。

当然这些表不是从专业的会计角度来制作的（那样读者就看不懂了），而是从一个小老板的角度来思考店面投资、店面运营和盈亏平衡的。

表一：投资预算表。

投资预算表（首批资金投入）		（单位：万元）
支出项目	金额	项目说明
装修费	16	硬装
中介费	4.5	一个月租金
房租押金	9	押二
房租首批租金	13.5	付三
软装	8	灯具、座椅、板凳和装饰
各种设备	8	厨具和其他
首批原材料费用	3	其他业态可以是首批货物成本
品牌设计费	0.5	LOGO、VI、装修设计
宣传推广费	0.5	开业宣传
预充水电费	2	预充式交电费
员工宿舍费用	2.4	2个公寓，押一付三
员工工资预支	1	员工借钱
入场费	0	商场一般有
加盟费	0	加盟须填写
加盟押金	0	加盟须填写
其他	3	各种想不到的费用
总和	71.4	——

有老板可能会说租金或首批原材料费用和起步宣传费用应该算入运营费用，不应该算在投资预算里面吧。这就是为什么不要从会计角度来理解了，我这里说的投资预算是指在一个店运转起来前，需要的一次性支出。比如，不事先掏3个月租金出来，业主是不会让你开工的。

表二：运营成本表。这是在假设一定营业额的情况下，计算出平时每个月要支出的钱。

运营成本表　　　　　　　　　　　　　　（单位：万元）

支出项目	金额	项目说明
店面房租	4.5	房租占大头
员工宿舍	0.6	不建议给员工租宿舍，给补贴省事
人员工资	4	薪资模式不对，员工工资有点高
水电	2	电费太高，全部设备都是用电，也是由于没有经验而犯下的愚蠢错误
宣传费用	0.5	生意越不好，越要提高这部分费用
折旧	0.88	装修、设备的三年折旧平摊
原材料费用	9.6	原材料约占成本40%
杂费	0.5	各种维修费用
公关费	0.1	公关用途
管理费	0	加盟须填写
加盟商要求的广告费	0	加盟须填写
加盟费平摊	0	加盟须填写
总和	22.68	—

当时我那家店的平均月营业额在240000元左右，生意算好的，但是你算算，一个月我只余下一万多元钱，盈利水平很低。

表三：盈亏平衡表。这是在不同营业额的情况下，测试盈利水平，算算做多少营业额才可以保本，才可以盈利。

盈亏平衡表　　　　　　　　　　　　　　（单位：元）

月营业额假设	金额	100000	150000	200000	250000	300000
房租	45000	45000	45000	45000	45000	45000
人工	40000	40000	40000	40000	40000	40000
水电费	20000	20000	20000	20000	20000	20000

(续)

盈亏平衡表						（单位：元）
月营业额假设	金额	100000	150000	200000	250000	300000
员工宿舍	6000	6000	6000	6000	6000	6000
宣传费用	5000	5000	5000	5000	5000	5000
折旧	8800	8800	8800	8800	8800	8800
杂费	5000	5000	5000	5000	5000	5000
公关费	1000	1000	1000	1000	1000	1000
原材料成本	约占营业额40%	40000	60000	80000	100000	120000
成本总和	—	170800	190800	210800	230800	250800
利润	—	-70800	-40800	-10800	19200	49200
状态	—	亏	亏	亏	微盈利	满意

注：受餐厅面积和厨房生产能力限制，营业额有天花板，月入 24 万元基本是饱和状态，30 万元很难达到。如果是加盟店，再扣除加盟产生的各种费用，几乎没有盈利的可能。

这三张表上的数据都是我第一家店的真实情况，我开店前如果能算出这三张表，我肯定不会选择开那家店的。

而那时候我不知道算什么，也不知道怎么算，即使知道算我也不会相信，因为觉得自己可以改变规律。

现在我信了，也希望各位能知道开店前算什么，怎么算，要相信数据的力量。

5.14　案例运用——选址前如何算账

选址前为什么要算账？因为算账可以帮你回归理性。一个店的成本在选址的时候就决定了，店开起来后，很多成本降不下来了，也改变不了。

成本控制的最高境界是在开店前就做好分析和顶层设计。**如果开店以前不算好账，那么开店之后天天算坏账。**

看看这位老板选择的店面，门面如下图所示：

门头是比较方正和规整的，位置不错，处于城市主干道和次干道的十字路口，附近有单位宿舍、小学、小区，人流量不错。40多平方米，虽然小了点，但够用。转让费50000元，月租6000元，老板尚能承受。

他想做蒸包、面和粥之类的东西，这个地方看上去挺适合他的项目，老板也挺满意。

但我们做这种重要的决策和判断时不能讲"大概""差不多"。脑子里有一个判断的时候，应该不断地细化分析，看看自己的判断靠不靠谱。于是我邀请老板跟我一起算算账，我想看看他判断的根据牢不牢靠。

先算固定成本：

房租：6000元/月。

人工：4个人，人均工资3000元一个月，一共12000元。

煤气电费：我建议他按3000元一个月来计算（他估计1000元一个月够用，属于没经验的严重低估）。

其他固定支出：每个月1000元左右。

固定成本总额：22000 元。

再算毛利率：他估计有 70% 左右（根据我的经验，70% 的毛利率是很难实现的，计算毛利率应该把做活动的让利和原材料的浪费都算上，这两部分有时高得吓人）。

保本营业额 = 固定成本/毛利率 = 22000/70% = 31428 元，意味着每天至少需要做 1047 元的营业额才能保本。

假如毛利率是 60%（根据他的餐厅定位，面向的顾客是价格敏感人群，毛利率很有可能在 60% 以下），营业额每天需要达到 1222 元。

老板说，他的客单价差不多是人均 10 元，那就意味着每天需要接待 122 个人。他的餐厅估计只有 16 个位置，这意味着一天的翻台要达到 7.6 次。算到这里，老板表示有点压力。

要知道，做到这些仅仅表明不亏本了。要做到盈利，营业额需要更高。

老板感觉有点绝望。其实未必，这时候往往是产生希望的开始。来看看怎么解决成本过高的问题。个人认为老板需要做以下的统筹规划：

第一，固定成本中的人工成本过高，应当降低，问题来源于产品品类太多。老板说做那么多东西，至少需要 4 个人。我看未必，为什么不减少品类，在包子、粥、面之中选择一种来做呢？把一种东西做得比现在更好，比周围更好才更有竞争力，而且单品操作更简单，也许只需要 2 个人就足够了。我看过很多粥店就 2 个人，生意爆好，头一天晚上煲好粥，第二天只需要一个人打粥一个人收钱就够了。事实上，单品出色，更容易让一个店出色，更容易让路过的人记住你。

第二，做好东西，提高价格，不卖便宜东西，把毛利率提上去。老板说到粥是 2 元左右的价格，事实上，一碗粥做得好，即使在三、四线城市卖 5~10 元也有很多人吃。但是整体店面形象要上去，味道要上去。定位稍微高一点，价格才能高得上去。价格上去了，毛利率也就上去了。

第三，既然物理空间有限，就要提高外卖的比例，鼓励别人带走，所以

在产品选择和包装上应该多考虑。同时，店内的装修空间布局也应该事先考虑清楚。店铺运营起来后，还要加强外卖运营的学习。

有问题不怕，就怕发现不了问题。待问题浮出水面后，看问题能否提前解决，能解决就继续，不能解决就换位置。

5.15 总分80分的选址策略

选址到了中后期，就会有几家店面看得中了，不出意外，会从这几家店里选择。不过最终选择哪一家，真是一个非常头痛的问题，因为里面的任何一家铺子都有自己的优点和缺点。

这时候怎么办呢？

第一，凭直觉。有丰富经验的老板，会凭自己的直觉判断。社群里有一位上了年纪的老板，讲过一个年赚50万元的店铺的来历。他说当他看了一个月店铺后，没看到合适的，有点心灰意冷，闲逛到一个地方，突然，他停下来，"这个就是我要的位置。"但是位置已经被人占据了，他不死心，后来想方设法终于盘下了那个小铺子，如今那个店铺每天给他带来3000～4000元的营业额。不过，直觉是需要丰富的经验和深入思考作为前提的，否则直觉就没有价值。

第二，请有经验的人帮忙参谋。自己没有经验，选址选到好店铺的可能性低，所以请几位有经验的人看看是有帮助的。这个方法本质上跟第一种方法一样，只是依赖别人的直觉，但是这里综合了几个人的判断，所以相对会比较客观。

第三，相对科学的方法：加权求和法。决策时去除一些个人喜好和偏见的影响是很重要的，我们喜欢一个东西的时候，会拼命地想它的好，不喜欢的时候，好的也会变坏，这是有心理学根据的。所以，可以用程序化的方法选址。

步骤如下：

（1）确定标准：根据自己的情况，选择 5 个最重要的选址标准。每个老板的标准可能不一样，要根据自己的实际情况制定标准。大企业出于品牌形象建设的需要，选址可能一定选在市中心最繁华的地段，但是小个体大多负担不起那么贵的租金，第一要务是活下来。

选址的时候，我一直会告诉自己：我是要开一个赚钱的店，所以不是看营业额高，店面要多大，人流量要达到多少，是否在市中心，等等。

对于一个以"生存"为第一要务的小店，选址时应着重考虑以下标准（以下标准无先后顺序，根据自己的实际情况确定比重大小）：

①是否超出投资预算。控制预算就是控制风险，鉴于开店的高失败率，要严格把投资预算控制在自己的承受能力范围内。

②目标人群的人流量大小和消费潜力的大小。人流量是做生意的保障，看位置很多时候就是看人流。不过很多生意也是不看人流的，而是看商圈的消费潜力。比如有些做外卖生意的选址策略就是"一流商圈+十流位置"。这里要注意，对标的一定要是目标消费人群的流量或者潜力。

③运营成本的高低。投资成本和运营成本是不一样的。转让费、装修费、设备采购费是投资成本，租金、水电费、人员工资是运营成本。运营成本的高低决定了盈利能力的高低。盈利能力是我考察一个店面最重要的因素。

④竞争强度。有些行业是需要聚焦效应的，有些则不需要。竞争强弱决定了老板做得累不累。我常说，小城市好做生意，因为小城市的生意很多人看不上，竞争就少了。

⑤合同条款。包括房东人品、租金涨幅、合同年限等细节。

⑥投资回报周期。这一条当然是时间越短越好。

⑦其他可能的标准。

（2）选择 5 个你认为最重要的标准，根据自己的实际情况确定各个因素的比重，总和为 100%。

举例：①30%+②10%+③ 40%+④10%+⑤10% = 100%。

这个比重各行各业相差往往比较大，不同老板须根据自己的策略，自行确定比重。

（3）分别对各潜在店面打分。打分之前，首先问问自己一个最理想店面应该是什么样的，对照着理想店面的标准打分。选择最高分值的店面。

下面这个表是我做的一个选址评分表：

选择标准	权重	位置一评估	位置一分值	位置二评估	位置二分值	位置三评估	位置三分值
投资成本	20%	70	14	90	18	80	16
目标人群	30%	70	21	80	24	70	21
运营成本	20%	90	18	60	12	80	16
竞争环境	10%	60	6	70	7	90	9
合同条款	5%	70	3.5	60	3	70	3.5
其他	15%	80	12	60	9	90	13.5
综合得分	100%		74.5		73		79

这是我看中的三个店铺，最后我选择了位置三的店铺。虽然没有达到 80 分，我仍然选择了。这不是妥协，而是由于选址有诸多客观条件限制，比如时间性，开业有最好的时间窗口，错过了就可能要等来年。

在用这个方法时，要注意以下几点：

第一，**标准的选择和权重的选择要依据个人偏好、业态规律来设定**。我失败过，由激进派变成了偏保守派，所以我会把开店的风险放在重要的位置。

投资成本和运营成本两项意味着风险的大小，两项加起来占了 40% 的权重。不同业态的生意，对人流量的要求会不一样，有些生意需要很大的人流量来支撑，就可以给目标人群高一点的权重。

第二，**投资成本**主要是指转让费、装修费、设备采购成本和其他费用；**运营成本**主要是指房租、水电物业费、宣传推广费等费用；**目标人群**就是自己选择的那部分顾客；**竞争环境**指竞争者数量和竞争者水平；**合同条款**主要包括房租涨幅、房租交付周期、转让转租条款、合同期限和房东人品，等等。

评分表中的"其他"包括一些非商业逻辑上的考量。比如离家近、方便，比如就是喜欢这个地方等。我们要允许非理性因素参与决策。

第三，**每一项的分数是怎么得出来的**？这个是难点，需要有两个基本条件，第一是你有经验，知道什么是好，什么是差。第二是有目标，知道哪个对自己合适，哪个对自己不合适。有了这两个条件，每一项分值能很快算出来。

就好比相亲相多了，一看就知道对方适不适合自己一样。这就是为什么我在前面提到，找有经验的人帮自己参谋参谋是非常有必要的。

现实生活中，要找到一个让自己非常满意的店铺是很有难度的，开过店的老板对此应该深有体会。如何在有限条件下，在一个瞬息万变的市场中快速做出相对正确的决定需要有一套行之有效的办法，希望各位结合本节的内容，梳理出自己的选址方法。

第 6 章

弄清楚店铺行规，租店不吃亏

6.1 商铺租赁——房东直租、转让和转租

去找店铺，一般会遇到几种情况：

第一种，房东直租的铺子。

这种铺子一般是空着的，空着有三种情况：

一种情况是全新的铺子，第一次出租。这种情况一般是在新街道、新小区、新商场。因为是新的，人气未知，风险未知，房租通常会比较低，甚至会减免几个月房租，没有转让费。新铺子因为人气问题，风险较大，但因为租金较低，无转让费，往往吸引了一大批老板。

一种是有上一个租户，不过上一租户已经离开，这种情况大概率是这个地方人气不怎么好，上家没有转出去，合同到期，房东把铺子收回了；当然也有可能是上家是开店新手没经验，没有留给自己充足的转让时间，错过了合同期。房东收回铺子后，会很开心，他租给下家租户肯定会大涨房

租的。为什么？因为下家不用出转让费，房东断定租户愿意承担更高的租金。

还有一种情况就是这个铺子本身是不允许转让的，上一家到期就走了。这种情况也有，不过比较少。不允许转让的铺子不好出租。

第二种，转让的铺子。

转让的本质就是下家出钱购买了原租户的租赁权，这个铺子还在原租户和房东的合同期内，房东是无权租给下家的，否则就是违反合同，但是下家看上了这个铺子怎么办？就出一笔钱，把这个店铺的使用权买过来，这就是转让费的本质。明白了这一点，就知道转让费是没有具体标准的，决定转让费的最核心因素是供求关系。地段好、人流大的铺子，想租的人多，转让费就高。

这里值得注意的有两点：

第一，**转让费是给原租户的，没有原租户，就没有转让费。如果房东向你收转让费，这是不合理的。这种房东人极其贪婪，以后会很难打交道，一定要远离**。为什么？如果你接手了这样的店铺，房东会想方设法赶你走，等你走了，他会如法炮制，再收下家的转让费。

房东的合理收入是房租，转让费跟房东没有关系。当然，现在很多贪得无厌的房东会要挟租户分一些转让费给他，否则不同意转让，或者故意制造麻烦，比如房租翻倍给下家，吓走接手的人。遇到这种房东，也是倒霉透顶。因此在签合同的时候就一定要明确：铺子在合同期内可以转让，转让费跟房东没关系。

第二，接手转让的流程一定不能错，按照这个流程接受转让店铺，可以避免90%的问题。简单说是：**和原租户确定转让协议的各项条款，和大房东三方在一起落实租赁条款，然后交转让费。**

第三种，转租的铺子。

其实就是租二房东的铺子，前面两种情况都是和房东，即产权所有者签合同，这种情况是和二房东签合同。

二房东是广泛存在的，我开过 5 家店，有 2 家是二房东。在大城市有很多这样的公司或个人，充当专业的二房东，他们从市场上租了很多铺子，然后出租给商户，赚取租金差价。

那这种情况安不安全呢？这需要你在**签合同前，一定确认二房东有转租的权力，只要房东允许转租，基本就没有问题。**

还有一点需要注意的是，**二房东对于铺子的使用期限，即二房东能否一直租这个铺子，如果他都不能租了，那你也就不能租了。所以，一定要看二房东的合同期限，以及合同期限到了，他是否能续签。**

另一种情况就是，二房东把大铺子分割出小铺子出租。如果二房东本身的生意不好了，他自己都不干了，这种情况出现如何处理，也要在合同中明确下来。

6.2 转让费的"前世今生"

转让费实质上就是出钱买一个店铺的租赁权，这笔钱相当于给上一个商家的补偿，因为他接了你的钱之后就不能在这里做生意了。

所以确定转让费的过程实则是一个定价的过程。转让的铺子成了一个商品。

想清楚了上面两点，明白转让的铺子其实是一个商品的时候，就能回答转让费合不合理，能不能谈，能谈多少和怎么谈的问题。

一个商品的定价主要与以下几个因素相关：一个是成本，一个是竞争对手的定价，一个是消费者的感受。

我对上面三个要素的排序是：第一考虑消费者的感受，即消费者感知到的产品价值。第二是竞争对手的定价，最后才是成本。如果成本控制不住，毛利过低，说明产品成本结构需要改变，产品还需要继续打磨。这是我定价的逻辑。

那怎么评估转让费合不合理呢？

首先，转让费多少的决定性因素是地段，背后更加根本的原因是供求关系。老板首先会根据地段好坏定一个价格，转让的广告贴出来之后还会根据询问者的多少调整价格。打电话的人多，转让费立马上去；人少，腰斩甚至不要钱都可以拿走，只求收回押金和部分租金。

- 如果你看完铺子后，老板给你打电话了，说明肯定是不好转，可以大胆砍价。
- 如果这个店附近转让的铺子少，说明供应少，需求多，一般很难谈价格。
- 你可以在相中的店铺周边蹲点，一方面看门口的人流情况，一方面观察来看店铺的人多不多。

其次，上一家接手店铺时付出的费用，一般就是转让费的底价。

老板开的转让费一般不会低于他接手时的转让费，因为对他来说，那是成本，低于成本就亏了。

- 这个底价可以通过行情判断，一个商圈、一条街道，转让费基本上相差不大，多打听，基本可以判断个大概。
- 可以问问邻居，或是趁老板不在的时候问员工，说不定可以得到满意的信息。
- 也可以直接问老板，当时接手时是多少钱，你未必能得到真实答案，但可以作为判断依据。

- 可以在 58 同城上搜这个店铺的信息，说不定可以搜到这个店铺上一家转让的信息。

这两个因素基本上决定了一个店转让费的大致范围。

还有几个重要的影响因素会影响转让费的价格。

第一，老板的投入，包括装修、设备，甚至部分原材料等硬件成本。

第二，品牌、盈利情况、顾客口碑等软性因素。有些加盟店老板会把品牌的代理权一起转让，而且是必需条件，告诉你一年赚 50 万元，顾客口碑如何好。这时候通常不要相信，赚钱的店很少会转的。

第三，还可能有部分房租含在转让费里面。

以上三个因素是给老板提高转让费的理由。除去第三点，第一、二点就是讲价的空间，老板说装修花了好多钱，你就说装修对我一点用没有，因为要全部打掉，重新装修；他说设备值多少钱，你就劝他去二手市场卖了，看能值几个钱；软性的东西更加虚无，既然是转让，赚钱的可能性是很小的，没有人跟钱过不去。

第四，老板交房的期限或者他跟房东合约的期限。如果他房租期限还有半年，他会不慌不忙地转让，用时间换空间，如果房租马上到期，则可能大幅降价，甚至直接免费给你，只求尽快退场。

你可以看看他营业执照开始的时间，从而判断他合同期末的大概时间。比如，营业执照上的时间是 5 月，那他合同签订时间大概率在 3 月或 4 月，一般合同是以年为周期的，那基本可以判断留给老板转让的时间还有多少，从而判断老板的内心焦虑程度。

第五，店里生意的好坏。并不是所有店转让都是因为亏钱，有些店可能是保本，或者赚得不多，老板疲倦了。这种情况，老板拖得起，如果没有一个好价格，他就把店一直开着，直到遇到满意的价格为止。房租到期了，继续交着就是了。

这种情况会影响你的谈判进度，对方不急，你可能会急，因为怕别人捷足先登。你急就输了，因为这种店的转让费通常高于行情，是很难转出去的，此时继续看下一家是最优策略。

6.3 一年能赚多少钱，就是接手转让费的上限

6.2 节提到转让店铺的人根据什么因素来定转让的价格，本节介绍自己如何评估转让费的上限。对方开的价格和自己估算出来的价格往往有差异。

对于转让费，我是这样思考的：尽量找没有转让费的，因为转让费太压资金了。

有以下三种情况没有转让费：

第一种是上家没有熬到转让出去被房东无情收回铺子，房东直租。

第二种情况是遇到二房东。二房东自己有转租权，赚租金差价。

第三种是商场店，很多商场不允许转让，上家做不下去就直接走了。

但是，在找铺子的过程中，大部分时候都会遇到有转让费的情况。

转让费如何计算才合理呢？

主要是看自己一年能赚多少钱，一年能赚回转让费的，就比较合理。这里强调一遍，是看自己能赚多少钱，而不是看别人能赚多少钱。

这里有两个原因：

第一，根据这个店的人流情况、面积大小、自己的产品竞争力、接待能力，可以估计出在做得好的情况下一年能赚多少钱。

第二，别人能赚多少，你很难算出来，即使算出来误差也大。首先，你不知道别人长期的营业额情况，成本结构也只知道一个大概，如果你是开店新手，估算结果基本不会准确，即使是有经验的老手，准确性高一点，但误差还是很大的。

所以，**算转让费的上限，实际上是评估自己经营店铺的能力上限**。比

如，一个店二三十平方米，转让费超过 20 万元就基本上不用考虑，为什么？因为一个小店一年能挣 20 万元，已经很不简单了，只有很强的产品竞争力，很强的运营能力，才可以做到。

其实，普通人开个小店，也可以把年盈利 20 万元当作一个比较合理的目标。

关于接手店铺，这里还有两个建议：

第一，**接手别人的店铺，不接手别人的生意**。你既然要开店，是带着产品、想法和相配套的策略来找店的。如果你要全盘接手别人的生意，说明你还不到开店的时候。

因为别人的生意，他自己都做不好，你凭什么可以做好？对一个转让的生意修修补补，非常难，难过重新做一门生意。不要相信接手即可盈利的话，也不要高估自己能让一门要倒闭的生意起死回生。如果你真有这个本事，还不如做自己的生意，因为性价比不一样。

第二，遇到高转让费+低房租的情况该如何取舍？转让费因为转手过很多道了，价格很高，但是房东比较厚道，没有大涨房租。这种情况就看手头的资金量，如果在自己的承受范围内，也是可以考虑的。

转让费跑不了，只是把资金压着，不过前提是你在签合同的时候，一定要记得争取到转让权，如果没有这一条，就不用考虑。有了转让权，生意做不下去还可以转手，把资金套出来。如果你所在的商圈在走上坡路，出手时的转让费还可以适当加点钱。

当然，还要考虑到这个商圈的发展情况，有些商圈在走下坡路，门店过几年就可能没人看得上了，转让费也会降低。

  "接手即可盈利"的店能不能接

经常有店铺转让公告上写着"本人因为要照顾孩子，无精力照顾生意，忍痛转让。本店顾客稳定，接手即可盈利。"听起来是不是感觉很熟悉，这样的说辞貌似都成了转让店面的标准用语了。

先不讨论这句话是真话还是假话，如果真有老板接手这个店面的生意，那失败一定是大概率的，为什么？

找店的人有两类，一类是带着项目找店面的老板，一类是没有项目的无头苍蝇型老板。前者不需要现有的项目，接手店面后肯定推倒重来；而后者因为没有项目，看到一个现成的店面，现成的装修，现成的产品，最关键是还听说盈利，等于付一笔转让费后什么问题都解决了。这种人本身就缺少经验，还处在"交学费"的成长阶段，无论原先的店面生意好坏，他接手后大概率都不如以前。

那再看看，"接手即可盈利"这句话到底靠不靠谱？基本不靠谱。盈利好的店很少会转让。之所以说"接手即可盈利"更多的是起一种安慰剂的作用，就跟说"旺铺转让"是一样的道理，是希望下一家心里好受一点，告诉他们这个地方还可以，我盈利，你也可以盈利。

有没有盈利的店要转让的？也有，但很少。如果遇到了要问清楚原因，要亲身体验，要去现场感受。我在上海的第一个店转让前也是盈利的，接手的老板接手前，我就让她在店里收银了一个星期，同时把店里的问题也告诉她，看其是否能接受，后来她接手了。不过，那个店在转手两个月后最终还是倒闭了。她接手店铺后，我所经历的问题她都要经历一遍，成本这么高的店铺，时时刻刻都绷得很紧，经不起一个新手学习成长的折腾。

我其实更关心接手店面的老板，尤其是接手原生意的老板对于上一家店的态度。

先看一个案例，这是前段时间社群里一位老板的问题：

老陈你好，我是一个新手，刚接手一个朋友开的港式甜品店，店铺位置是小区的正门口第一家，周边有几个大学和小区。因为之前没做过，所以现在还在学习制作甜品。

我现在的问题是，店里只有一个员工，产品、服务各方面都不到位，加上前老板不打算做了，前一段时间没有用心经营，生意大不如前。

我之前也没开过店，想问下，应该从哪些方面着手去扭转目前的局面呢？

如果是我，我会做以下事情：

（1）暂停营业。重新装门头，换名字。装修视情况和自己的预算决定要不要重装，但是至少要把软装布置一下。目的只有一个，让别人知道这里换老板了。

（2）在暂停营业期间打磨好产品，重新梳理产品结构，推出一两款主力产品，菜单、传单重新制作。总之，要有自己的运营思路。

（3）重新开业，来一次大的宣传活动，广而告知这里有新主人了。

总结一下我的观点：

（1）不要轻易相信"接手即可盈利"的店。

（2）"接手即可盈利"更多的是善意的谎言，是希望下家能安心做生意。

（3）无论前一家做什么，都要重新装修和开业，要有自己的运营思路。

另外，如果真遇到了一个盈利的店铺，要转给你，要注意以下几个方面：

（1）**考察附近的人流量和人群结构是否将要发生巨变**。比如附近的大公司或者大厂房已经明确了要在未来一年内搬迁，上家的老板因为知道这个事情，所以转让，而他没有告诉你。这是很有可能的，社群里有好几位老板碰到过这样的情况。

（2）**看看未来一段时间店铺是否要拆迁**。

（3）**考察附近是否有强有力的竞争对手出现**。你接手的是小超市，如果在下个十字路口就要盖一个大超市，那小超市立马就可能受到严重影响。这种事情上一家老板往往不会告诉你。

(4) 考察所在商圈是否处在没落期。如果一个商圈被另外一个新商圈分流，影响也是比较大的。

最后，无论哪种情况，是接手上一家的生意，还是做自己的生意，都应该做好选址的基础工作，比如蹲点数人流，考察附近的竞争情况和商圈情况，还要多算账。只有把基础工作做好了，才能避免许多不必要的失误。

6.5 接手"转让门面"的防坑流程

有位老板分享过一次他找店的经历：

他看上了一个小区里的门面，谈了好几次，上一个商家终于同意转让给他了，于是他很高兴地交了 5000 元押金。剩下的 2 万元转让费约定租赁合同完成后付清。但是没想到的是，物业也想赚转让费，不跟他签合同。身边有人建议他直接跟上任店主签租赁合同，不转让，把上任店主变成二房东，但是这样做又担心得罪物业，会给小鞋穿。第一次租商铺，没想到遇到这种事情，他感觉很不走运，继续吧，感觉很难，退出吧，押金又怕拿不到了。

我建议最好退出这种复杂的门面租赁，物业是房东，得罪不起；押金完全可以要回来，因为上任店主没有尽到告知的义务。

接手转让店铺，按照下面的流程，可以避免绝大部分麻烦：

第一步：当你对店铺基本考察完毕并且满意后，要求对方出示他和房东的租赁协议。看下面几个关键点：

- 原租户是否有转让和转租的权力。如果没有，是不能租的，否则房东那关过不了。
- 租金和租金涨幅条款。尤其是租金涨幅条款，看看后面是如何涨租房租的。

- 合同期限和续租条款。

第二步，如果你和转让的商家达成一致了，就一定要求见房东。如果对方拒绝带你见房东，那这个铺子就不能要，否则，前面会有许多麻烦等着你。

为什么要见房东？就是要把你关心的事情和房东一一核实，如房租问题，以后怎么涨房租，合同几年一签，你要做什么生意，能否办营业执照等所有关心的问题都要在见房东的时候问清楚。

第三步，和房东见面了，你也满意房东的条件，就基本没问题了，可以付转让费给上一个商家，同时签订转让协议。所有重要的事项都必须体现到协议中，并要求上一个商家尽到告知重要事项的义务。

要注意一点，付转让费前要求对方注销营业执照，因为营业执照的注销需要一定时间，所以，你也可以要求留点尾款，在对方注销后付清。

第四步，跟房东正式签订租赁合同。

在第二步时，上一个商家在你没有付转让费的情况下，可能不太愿意带你见房东，这也可以理解，因为怕你直接跟房东联系，跳过他，他就拿不到转让费了。我的做法是，给他一笔意向金，同时签订意向金协议，协议约定一旦和房东谈不拢，意向金需要退还，谈得拢，铺子就得接手，这样就公平了。

这是很有必要的，因为很有可能你跟房东是谈不拢的，比如房东要大涨房租，超出你的预期，那就不能要了。

在接手店铺时，严格按照上面的流程来做，基本能避免掉进"大坑"。

6.6 签订店铺租赁合同牢记 10 点

很多人都问能不能提供一份店铺租赁合同的模板。开过店的老板都知道，模板是没有意义的，而且也没有必要，因为在租铺子的时候，是先和房东协商并确认条款，然后由房东提供合同。

这个时候你的任务是拿着合同看之前跟房东协商的条款有没有在合同里体现，如果没有，要求增加，如果条款写得模糊不清，要求改得清楚一点。那么，首先你就要弄清楚合同里的条款哪些是重点，把这些重点理解透，记在心里，这样在和房东交流的时候才能问到重点上。

明白了这个道理，就知道与其要一个合同模板，还不如抓合同里的重点。在正式签合同前，就一一跟房东协商确认好核心条款，接下来房东会根据协商结果来草拟合同，这样拿到的合同才是你想要的合同，这是更务实且效率更高的做法。

根据我的经验，在签订租赁合同时，以下 10 点要特别注意：

第一，甲方有合法的租赁权。

如果甲方是大房东，即商铺的产权所有者，那就需要验看房东的身份证、房产证；如果房东不在场，是中介代理，那更要看原件并备份复印件。要在合同里明确约定无产权纠纷，更不能因为房东的产权纠纷导致租客利益受损。

如果是二房东，那就一定要看其是否有转租或分租的权利，要看他和大房东签订的合同条款。

另外，还要特别注意商铺有无抵押的情况，社群里就有好几位老板遭遇过，租下铺子后被银行通知要查封了，因为商铺被房东抵押给银行了，这时候，你找谁都没用了。

第二，确保唯一使用权。

这种情况比较少，但确实有这样的案例，就是在某些很特殊的情况下，房东把同一个商铺同时出租给两个人，然后房东就销声匿迹了，或者消极回应。最后只能打官司，虽然大概率会赢，但是生意因此耽误了。

第三，商铺使用性质要明确是商用的。

尤其是做餐饮的老板，一定要明确可以办理餐饮营业执照，有些生意还要考虑环保是否达标等要求。

商铺性质要看是个人的，还是公司的，还是公家的。因为公家的房子可能就没有房产证，办理营业执照需要产权方去找相关方出具证明。这也要在合同里约定好，房东需要无条件配合办理营业执照。

第四，合同期限越长越好。

房东都希望一年一签，因为这样可以看情况选择不租给你了或者变更条款，甚至涨房租，所以要争取合同期限签得越长越好。合同期限内，条款不变。

这个需要你去谈，因为房东也希望能稳定收取租金，希望有稳定的租客，向个人房东争取到3年甚至5年的租期一般是没有问题的。尤其是装修需要重金投入，或者回本周期比较长的生意，更要考虑延长合同租期。

如果对方是大公司，合同经常会是固定模板，所有人都是一年一签订，这就没有办法了，只能祈求对方是诚信公司。

第五，租金涨幅要明确下来。

这点尤其重要，你也许觉得不应该签订，因为**看着房租每年都涨5%，感觉很恐怖，但是如果你不签订，更恐怖的事情也许会在后头。**我见过很多案例，房东第二年涨50%，甚至翻倍地涨，就因为合同里没有约定租金涨幅。你据理力争是没用的，有胆量这么涨房租的店铺，所处地段一般都比较好，很多人盯着；或者是房东看你生意很好，猜你不敢离开，只能接受高涨幅。

所以，在这点上，务必和房东坐下来好好商量接下来 3 年或 5 年房租怎么涨。我看过很多租赁合同，5% 以内的年涨幅是比较常见的，超过 10% 就高了。

当然还要看你的租金基数，如果基数低，那么涨幅大点也问题不大。如果基数大，那就要谈前两年或三年不涨房租，或者涨幅稍低一点，比如 3% 以内。这需要你跟房东讨价还价。

第六，要争取到转让、转租和分租的权利。

这一条关系到自己的退路。假如生意做不下去了，你可以通过转让店铺收回部分投资。商铺转让这项权利，只有白纸黑字写进了合同，转让的权利才会受到法律保护。

街上大部分铺子是可以转让的，有些商场店表面上不能转让，但是私底下商家也会转让，也有些房东则明确约定不能转让。一般来说，不能转让的店铺不会那么受欢迎，需求少，租金就提不上来。因此，房东为了保障稳定提高的租金收入，基本都会允许转让。

吃亏的是不懂的人，尤其是新手。你不提这个要求，房东就不会把这条写进合同里，那你到时候想转让，房东是不允许的，或者是有条件允许，比如转让费要分他一半。这对你来说就是损失。

转租，很多房东也会同意，但是会比获得转让的权利难一点。你可以尽量要求获得转租的权利，如果店铺转让不掉，那就改转租，自己可以当二房东。

分租权，就是允许你把店铺隔出来租给别人，尤其是对大型店铺，当生意不好时，这个方法可以帮你减少固定成本。

第七，免租期的问题。

一般有免租期，这也算是行规。看店铺大小，一般会给 10~30 天的免租期。我开过 5 家店，每家店都给了免租期，最长的有 50 天，最少的也有 20 天。免租期你不提，房东是不会给的，需要你主动请求房东给予支持。

第八，续租问题。

要约定自己在同等的条件下，有优先续租的权利。

但是这一条在执行过程中会有各种问题，比如房东随便说一个你无法接受的租金要求，但有其他人愿意租，你就没有办法了。也就是说，如果房东真心不想让你租了，他有足够多的办法不租给你。

此种情况，要分析房东为什么不让你续租了，请房东坐下来聊一聊，谈谈如何才能继续租，让房东开条件，看自己能否接受。

第九，违反合同的赔偿问题。

这种情况时有发生，房东签了合同又反悔，比如随意提高房租的，提前收回铺子的，等等。因此，一定要在合同里约定好违约赔偿的标准。如果违约成本高，那对房东的约束力会更强。

第十，房东收回房子的问题。

房东作为商铺的产权所有者，合同到期，是可以无条件收回商铺自用的。这意味着即使合同里有允许你转让和转租的条款，在合同到期的条件下也是失效的。

有一位开服装店的老板就碰到了这种情况，前后投入了 30 万元开店，一年还不到就被房东通知合同一到期就要收回房子。这一年他是在保本线上挣扎，不仅 30 万元的投入没开始收回，还有一堆库存。但是因为合同是一年一签，房东不构成违约，这种情况老板只能自己认栽。

所以，我有三个建议：

第一，在签合同前就要和房东确认是否会有收回商铺自用的情况，这一事项最好能写进合同。

第二，如果房东要收回商铺自用，那么一定要提前半年通知，以便自己做好经营安排。

第三，合同期限要签订得长一点，算好账，尽量在合同期限内把成本收回来。

Part Three

第3篇
开业规划：
不打无准备之仗

第 7 章

开业前筹备：焦头烂额是必然的，但需要有效果

7.1 铺子租好了，我却不想开了

社群里有一位纠结的老板，店还没开，却每天睡不着了，想着是否继续开下去。

老陈，你好。现在我才知道只有拿下铺子了才是真的慌！

前两天我签了个铺子，位置很好，步行 10 分钟内有固定居住人口近 1.5 万人，还有一个小学。

我选择的是饮品行业，不是奶茶和水果茶，有一定差异化，但缺点就是目前市场认知度比较低。

我铺子周围一公里内，一共有 11 家饮品店，其中全国一线品牌 5 家，本地连锁品牌 2 家，其余都是自创品牌。

我可以说是进了'狼窝'。进来之前，我对自己的品类很有信心，但交了租金就觉得慌了。

说说我的劣势：

(1) 没有饮品行业经验和人脉。

(2) 没有门店管理经验。

(3) 产品有没有市场也不知道，同时产品还没到很完善的地步，只有两三款我自己觉得可以，其他都一般。

(4) 产品门槛不是很高，别人要抄袭也不难，为别人作嫁衣的可能性也很大。

(5) 可用资金有限，只有10万元，第一季度租金和押金已经出去2万多元。

我现在觉得拿铺子拿得太草率了。今天和做连锁生意的叔叔沟通，他认为我这种菜鸟很难拼过一线品牌，建议再评估，没有六七成的把握就放弃。

我很理解他的处境，租下店铺后都会有惊慌失措的感觉。

下面先说说我第一次开店时，租下店铺后的心路历程：合同签完，我当时的心情很复杂，有期待，有焦虑，也有害怕。

那时完全是懵懂的状态，什么都不懂，甚至产品都没有，就租了一个月租金4.5万元的店，跟房东谈到了押二付三，一笔钱就付出了20多万元。一下子付出那么多钱，我和我爱人都慌了，店还没开始就考虑要不要继续的问题。

付房租之前觉得没什么，但是当你把攒了很多年的钱一下子拿出去时，那种恐惧感没有开过店的人估计很难体会得到。付过钱之后，我爱人问我："要不我们不要开了吧，店都还没开始，就感觉没钱了，反正现在不做，损失的就是20多万元。"

我当时心里也有过恐惧。但是那个时刻，一个人胆怯，另一个人就只能无条件坚强了，硬着头皮上才有一线生机，我们从此踏上了征程。

我对这位老板说：

新手开店租下铺子后心慌是正常的。但你到了这个阶段，只能继续，而不是止步不前。

你叔叔说对了，失败的可能性很大，但是你不迈出这一步，就永远会停留在'想'的阶段，而行动了，起码可以给你积累实战经验，你的能力会得到快速提高。你想要准备好了再行动，永远也没有'准备好'的那一天。

你投入就10万元，失败了，最多也就亏几万元（转让可以收回几万元）。

在开业前，产品先优化一下，要做出一两款爆品出来。同时，你这里虽然竞争激烈，但也说明目标顾客比较聚集，有潜力。上了战场，就冲吧！

我以为老板被我说动了，在战场上拼杀了。没多久，老板又冒出来了，而且越来越焦虑：

老陈，我又来了。昨天又是不眠之夜。

我之前说我铺子选在一个竞品多、住户多的区域。本来想我的饮品具有差异化。我一直在研究以花为主题的饮品，虽然产品完全没有得到市场验证。昨天遇到一个同行，说这种东西根本没有市场，我还花大力气研究。他想让我拉他入干股。

我这两天观察，这个区域非品牌饮品店没什么特色，想让顾客进店都难。所以项目没选对，基本上没活路。我现在的情况是如果选择闭店，也就损失三万元左右，继续做下去还需要投入4万~5万元。

老陈，如果是你，你会怎么考虑呢？

我回复：

上次也跟你说了，你这个店成功率确实很低。鼓励你继续做下去的原因是，已经到了这一步，你不能裹足不前，而应该是勇往直前。在自己能承受的范围内，尽最大努力把店经营好。通过这个过程你个人的成长会非常快，为你下一次开店打好基础。否则，你什么时候才能开始呢？

你希望来一次'一定成功'的开店，那是不可能的，这个世界没有开店一定成功的人。我现在开新店，成功的把握也就六七成。因为现实中不确定性因素太多了，很多时候会出现无法改善的局面，或者自己判断错误的局面。

另外，很多东西需要边做边调整，而不是一开始就铁板钉钉。比如产品组合，在开业一段时间后可以根据顾客反馈和营业额情况进行改进，如果你现在的花茶不受欢迎，那就上线其他产品。

最后，我想说一句，心态对于开店能否成功影响也很大。和这位老板两次交流后，我感觉他是越来越没有信心了。他的心态导致开店成功概率又降低了。

7.2 新店筹备期做好这三件事情

新店筹备期是指从店铺位置确定到试营业前这段时间。

这段时间一般要经历装修、各种设备和物料采购、市场预热几个阶段。

听起来不难，但老板在这期间里"脱一层皮、掉几斤肉"是再平常不过的。尤其是装修，懂的道理再多，也有无数坑等着。

第一件事是装修。我们开的都是小店，技术含量不高。所以，我建议开小店的老板找个包工头就可以了，如果自己懂，自己做包工头也可以，安排水电工、水泥工、木工等依次入场即可。当然，大的场子可能还需要专业的装修公司来做。

找私人装修队的时候价格不要压得太低，要让别人有钱赚，双赢才能合作得愉快。有些老板为了省钱，把预算往死里压，装修队为了拿下工程，就先答应了，但是亏本的生意是没人做的，他们总会在后期通过各种方法加价找回来。

第二件事是设备和物料的采购。我建议这些能网上买的都网上买，因为网上买一是效率高，二是价格可能更便宜。

第三件事就是市场预热，这是为开业做准备。装修一般情况下都需要一个月甚至更长时间，如果这段时间门店外空着什么都不做，就太浪费广告资源了。预热做得好，可以做到店还没开就热起来了。关于如何做预热，在后面的章节会有详细讲解。

7.3 店面装修要注意的事项

现在小店装修有两种基本做法：

第一种是全包给专业装修公司。 你只需要挑选设计方案和审核预算，其他都交给装修公司。这种做法有优点也有缺点。

优点如下：

第一，省心省力，装修是一件很复杂的事情，开店还有其他很多事情要忙，把大量时间花在装修上可能不值得。

第二，装修公司更专业，做出来效果会更好。在设计方案时，装修公司往往能想到一些自己想不到的东西。他们知道哪种材料好用，什么价格合适，怎么设计店面利用率更高，等等。

第三，后续出现问题，装修公司能提供帮助。

缺点也不少，如下：

第一，好的装修公司很难找到，价格也贵。

第二，一旦碰到不专业的公司，会严重耽误工期，且预算成本和实际成本会相差很大。

第三，装修材料的质量可能存在问题。

第二种方式是自己做一部分，装修队做一部分。这种方式其实是自己主导装修过程，把各个模块分给设计师和装修队来做。这种做法同样有优缺点。

优点如下：

第一，有主动权，设计师在网上任你挑选，主要的材料自己购买，质量有保证。

第二，因为很多工作自己承担了，成本会节省很多。

缺点如下：

第一，自己开个店跑来跑去，太累了，装修完，你都没有力气开店了。

第二，自己的专业度不够，装修出来效果不理想。

第三，开店前的重点工作不是装修，如果花过多精力在装修上，得不偿失。老板这时候的时间是很值钱的。

怎么寻找里面的平衡点呢？社群里一位做建材行业的老板提供了一些建议：

第一，筛选当地好的装修公司。好的装修公司好在有一套成熟的体系，能保证效率和质量。

第二，核心材料自己采购，辅助材料可以让装修公司购买，并在合同里约定好。

第三，多跑工地监督，有问题及时提出，和施工人员搞好关系。人的心情舒坦了，很多事情就好办了。

最后，再补充两点。

第一，所有关乎颜色和材质的材料，大家一定要对比实物，用眼睛看，用手摸，不可只用手机确认，因为手机上图片的色差太严重了。

拍照人拍照时的光线、角度，手机摄像头、屏幕的好坏，多少会对颜色有影响，再加上传送过程中会压缩图片，拍摄者再后期处理下图片，你手机里看到的颜色跟实物可能已经相差很大了。

第二，小店空间有限，如何把空间利用到极致？

以往设备供应商和装修队是脱节的，经常是机器设备到了之后，发现空间不够，只能移到其他地方，那样员工工作时就会很别扭。还有其他问题，比如插座不够，或者插座功率不够，那就需要牵明线过去，不仅麻烦，还不美观。把设备供应商和装修队整合到一起直接沟通之后，就会避免这种问题。

在装修之前，设备供应商一般会给出设备布局图。哪台机器放哪里，放几个插座，需要多大功率，线需要多长等，都标记得清清楚楚。装修队再根据图纸施工、布线，等等。也许以前你设想的需要20平方米的空间，现在因为设计合理10平方米就可以做好。

7.4 "筹备开店"期间如何省钱

第一个店我投入了70万元，事后想想起码多花了10万元，只怪我当时没经验。我仔细把当时的预算复盘了一下，总结了一些经验教训，开第二个店时吸取了很多教训，所以第二个店只投入了5万多元就开起来了。

当然，不同城市不同面积的两个店没有可比性。不过参照两者，我总结出了以下省钱技巧：

第一，采购遵守实用性原则。不实用的东西，坚决不买。开店要有生意人思维，一切以实用为标准。第一个店买回来的桌椅和板凳很漂亮，还有布艺沙发，坐着真是舒服，光桌椅就花了4万多元。当时买的时候是居家思维，考虑最多的是舒服，看着漂亮，而不是是否耐脏，是否会影响翻台率，是否容易搬运清洗，是否容易移动拼桌，是否能最大化利用空间……这些本应该考虑的标准。同样的问题也发生在其他软装材料的采购上。一句话，第一次开店时采购的东西不实用。

第二，只买必须要买的，不买想要买的。开始跑批发市场，想着这个要买那个也要买，但很多东西买回来用不上，还要重新买。先开始一定要少买，买必须要买的，其他东西需要增加的时候再增加。还有一个原则就是，工具是谁使用，要问其意见，如果有可能，最好带着此人一起去买。

第三，追求高性价比。

对于日常耗材采购尤其要追求高性价比，各种耗材的成本不是小开支，单价虽低，时间长了，就是大开支，对利润影响很大。比如 2 元一包的抽纸质量很差，4 元一包的就很好用了，8 元、10 元一包的抽纸除了颜色漂亮一些、图案设计得好一点外，质量和体验是差不多的。那么，就应该以 4 元的为基本款。

第四，省钱不是买便宜货。

这个道理一定要懂。特别是大的设备采购，成本其实包含两部分，一部分是采购成本，另一部分是使用成本。如果你过于关注采购成本，使用成本可能就会很高。使用成本包括比如一个冰箱的维修成本、电费，天天维修不仅耽误生意，而且扰乱心情。好品牌冰箱的耗电量一般也低一些。

7.5 定价不首先考虑利润

开业筹备这段时间不仅要做装修和买设备这些体力劳动，也要开始动脑力了，首先就是定价。

经常有老板很苦恼地说，"价格定高了，卖不出东西；价格定低了，自己没有钱赚，怎么办"，这个矛盾是客观存在的。成功的定价在于找到既满足目标顾客的性价比心理，又满足老板盈利目标的平衡点。难点在于如何找到这个平衡点。

价格在生意当中扮演的角色可以是拉力，也可以是阻力。什么是拉力？就是吸引顾客的因素，而阻力则相反，是把顾客推开。显然我们都不希望价格成为生意的阻力。减少阻力、增加拉力就是找到平衡点的方法。

我定价的时候主要考虑以下几个因素：顾客对于产品的感知和评价；店面

的总体价格策略；竞争对手定价；产品的成本；活动预留空间；利润目标。

很多老板的定价采用的是简单粗暴的做法，就是成本加利润，价格出来后就那样，你爱买不买。这种定价是典型的以自我为中心做生意，结果就是顾客嫌贵，定价变成阻力，把顾客往竞争对手那边推。

我定价的一般流程是这样的：

第一步，首先考虑目标顾客的接受能力。

顾客心中对每个产品或品类都有一个模糊的价格区间，低于这个区间的下限，就是便宜，高于上限就是贵。

不同的顾客群体对同一个产品的认知相差很大，对于产品的价值判断也不一样，所以价格区间对不同的顾客来说也相差很大。比如我店里的甜品，主要顾客群体是那些在乎生活品质的女孩，她们愿意出高价钱；但同样的产品卖给老人家，打对折他们都可能不要。

第二步，想想自己采用什么样的定价策略。

有种定价策略是一开始趁着顾客的新鲜劲，定一个很高的价格，随着产品生命周期的演进不断降低价格。

还有种定价策略是一开始定很低的价格，让更多人接触到产品，认可产品，然后通过升级换代，更换包装，一步一步提高价格。

以上两种方法是基本的思路，在执行过程中还会有其他层面的考虑，比如将某个产品设定成特别低的价格用来引流，通过这款引流产品带动其他产品的销售。

第三步，看看竞争对手的价格。

因为顾客会比较产品的价格，所以定价前，竞争对手的价格是一定需要关注和参考的。

但是这里一定要注意，不能只看一家的产品定价，而是要看多家的，再看看对方的生意情况。

如果你看到有一家价格很贵，不要惊讶，那可能是因为那家东西好，或者是大品牌，或者占据了地利，或者环境好、服务也好。总之，人家能活下来，一定有自己独特的一面，让顾客心甘情愿出高价购买。

你要做的是：如何让顾客在对比产品和价格之后，最终还是选择了你。

以上三步做下来，产品的价格基本上就出来了。然后再看第四步。

第四步，根据成本测算产品定价的可行性。

这里说的成本不仅仅指进货成本或原材料成本，还要把店面的所有成本算上，比如占支出大头的房租、人工、宣传推广费用等。

很多老板会把成本和利润作为产品定价的首要考虑因素，而我则是将其放在最后考虑。我的逻辑是：假如我们在考虑完顾客的需求、自己的定价策略和竞争对手的定价之后，发现根据成本和利润算出来的价格，跟依据前三步算出来的价格相差太大时，那这个产品或生意就没有可行性。因为价格没竞争力或者利润太低。接下来要考虑的就是如何改进产品或改善工艺、降低成本的问题了。

下面再补充一个定价技巧。

先想想一个问题：一个产品你可以定 13 元，也可以定 15 元，两种定价在成本和利润方面你都可以接受，你会如何选择？这个问题让开店笔记社群里的一位老板很纠结。

先说我的做法：我会定价 15 元。为什么要定高一点的价格呢？有以下两个原因：

第一，大部分消费者都会认为价格贵的东西品质更好。商家在做宣传时也可以说，因为产品品质更高，所以价格贵些。

第二，留足利润空间，好做活动。一个店的运营，是离不开各种让利活动的，比如节假日的打折、满减、满送、外卖折扣、会员折扣，等等。如果没有足够的利润空间，平时的运营就会畏首畏尾，不敢做活动。另外，经常做活动，有折扣，会让顾客感觉这家店活动很多，很便宜，在犹豫着去哪家店买东西的时候，顾客更愿意去活动多的店。

第 8 章

开业，一炮打响的方法和策略

8.1 关于新店开业的基本观点

首先思考，一个新店开业的目标是什么？开店笔记社群里的老板们基本有以下三种观点：

第一，趁新店开业，多赚点钱。毕竟投入了那么多钱，要赶紧回本。

第二，新店开业是尝试，是发现问题、解决问题的好时机，比如产品行不行，策略对不对，价格被不被接受，等等。

第三，新店开业最重要的是人气，因为是新店，很多人不知道。

我认为持第一种观点的老板可能把赚钱的逻辑弄反了，因为新店开业未必有人，谈何赚钱呢。即使部分消费者有喜欢捧新店的习惯，这里面大部分人也是冲着新店优惠去的。如果老板希望趁新店开业多赚点钱，那人流量大概率会越来越少，后面就赚不了钱了。

第二种观点我部分认同，因为我认为发现问题和解决问题应该放在正式开业前完成，而不是开业以后。我们不能把市场当作试验场，把消费者当作试验对象。就像我的第一个店，就是把开业当试验了，结果把第一批客人都得罪完了。第一批尝鲜的顾客进店是没有成本的，而后面要再请他们进店，成本会大幅提高。

我更认同第三种观点：开业，人气最重要，利润放其次，甚至可以不赚钱或者亏本。一个店在不同阶段，目标是不一样的，新店的目标应该是尽快打开知名度。知道的顾客多了，留下的客人才可能多。

新店开业，大家对这个店是陌生的，内心仍存在戒备心理。因为对新店不了解，会担心自己的权益受损。

因此，更多的人是持观望态度，感兴趣但就是不进一步了解。老板们估计会很疑惑，怎么那么多人路过就是不进店体验一下呢。其实道理很简单，对顾客来说，你就是"陌生人"。

如何拉近两颗心的距离呢？我的做法是：**自己要做主动的一方，自己要为对方付出，而且要长时间地付出，直到感动对方。顾客冰冷的心也许慢慢会融化。**

所以，我对新店开业的态度是：

第一，新店就不要端着，要主动接近顾客，讨好顾客。这个很好理解，但很多老板做得不到位。到不到位，就看顾客是否能感受到老板的真诚。你是否真诚，顾客是很容易看得出来的。如果顾客在进店消费完之后说"哎，买的人永远没有卖的人精"，那这就说明这名顾客没有感受到你的真诚。怎么样算真诚？卖的东西要好，服务要热情，价格要对得起顾客得到的体验，活动力度要给力。

我两次新店开业都有"免费试吃"的活动，这就是主动接近顾客的一种方式，敞开心扉告诉他们：我欢迎你们的"检阅"。这种主动的姿态会感化一部分人。当他们感受到这种热情的时候，我再提出"新店开业，知道的人少，帮我在朋友圈里说说吧"便不再是附加条件，因为他们会觉得那是应该做的，毕竟吃人嘴短。

第二，开业要有活动，要有付出，要让顾客觉得这老板真够意思。有老板说，前期试营业效果很不错，这两天没有任何促销，生意也好，开业活动就直接省了。我觉得是不能省的，没有开业促销活动，就是抠门，就是不付出就想得到顾客的喜欢。顾客得不到实惠，占不到"便宜"，也会感觉老板不够意思，心理距离就不会因此拉近。就跟做朋友一样，不能仗着别人跟你关系好，办喜事的份子钱都不给。

第三，开业不是一天或者几天内完成的，开业应当是一个过程，这个过程就是持续影响消费者的过程，自己持续释放善意的过程。这个过程也许是一个星期，也许是一个月，具体多长时间要看生意情况。这既是商家提高知名度的过程，又是培养顾客消费习惯的过程。

我的开业期一般都会持续一个月时间，一段时间更新一种活动，不同的产品做不一样的活动，也会通过不同的宣传渠道和方式去尝试接触不同的顾客群体。

8.2 宣传从预热开始，预热从装修开始

一个新店的宣传，从什么时候开始呢？可以从装修的时候就开始。

还没开业，就在搞宣传，这就是预热。预热是一个新店整体宣传的一部分。很多老板以为开业以后才可以做宣传，这就浪费了装修期间的宣传时间，可能导致开业冷场的情况。

以前我在汽车行业工作。一个汽车品牌的新车上市，其预热可能要长达一年甚至更长时间。通常来说，预热有以下几个阶段：

第一，品牌导入的宣传。比如借助品牌方和当地合作方的签约事件，在全国性的主要媒体报道，介绍宣传品牌方的实力、产品、理念、影响力，等等。这是第一波预热，一般会提前一两年进行。

第二，产品方面的宣传，包括市场测试和产品性能测试。市场测试就是

邀请当地的意见领袖、专业媒体记者或顾客体验产品，之后会在各种杂志或网站上发布产品体验方面的信息。产品测试是把车开到各种路况上测试，这也是很好的宣传素材。

第三，邀请当地的媒体记者参观工厂、公司并试乘试驾，深度体验厂家的综合实力和先进的技术。

以上就是市场预热的过程。接下来是正式上市，上市也是一个重大事件，有隆重的发布仪式，有领导、明星参与，媒体的宣传报道也达到高潮。

每一步如果都做到位了，市场强烈的预期就形成了。很多车型还没上市就卖断货，就是因为预热做得好。

这里面的关键因素有几个：第一，要有事件，没有事件就没有宣传材料。第二，是设计好宣传时间点，设计好事件的发生时间和媒体的报道时间，以及各个事件在整个预热过程中的时间安排。第三，是要有宣传的媒体，解决传播渠道的问题。

开店预热当然无法做到像大公司那样的影响力，但是我们可以做一些工作影响每天路过店门口的人。这是一个低成本但是可能产生大收益的工作。

预热要达到的基本目标，是让潜在顾客形成对商家良好的预期。

比如我在一个店的预热海报上展示了老店的顾客评价，就是希望顾客经

过我这个店的时候知道：第一，这不是个新品牌，是老品牌，老品牌更值得信赖。第二，产品很不错，顾客好评多。

能形成这两个印象中的一个就达到目的了，这种先入为主的观念植入会让顾客对店家产生良好的印象，在开业的时候会促使他们做出尝试，进店率就会增加。

如果实力允许，预热工作可以做得更足，时间更加提前。比如雕爷牛腩（当年在北京很火的店），为了达到预热效果，产品封测了一年的时间，中间请了各路大咖去品尝，写成了一篇篇博客文章、微博和网络热文。所以，一开业，生意就很火爆，而且持续的时间长达三四年。

我们新手老板影响力可能没那么大，但是有些事情是可以做到的，比如：

第一，装修期间在重要位置做一个比较大的彩色喷绘，上面介绍自己的店铺、经营的产品和对消费者的承诺，等等，让别人知道你是做什么的。

第二，做一个比较有个性的招聘广告。招聘广告也是店面的广告，你对员工的要求也是顾客了解你店面的一个途径。

第三，放上自己店面的二维码，让顾客扫码加会员，对于此期间成为会员的顾客，给予 VIP 待遇。

第四，时间充裕的，可以邀请首批关注你的顾客对产品进行体验并提供反馈，甚至可以请求对方帮忙宣传。

第五，如果有老店，应该尽可能地展示老店的良好口碑，让顾客对新店产生信任。

第六，预告开业的大力度活动，吸引眼球。

8.3 奖励一万元给顾客，是噱头还是真心求名

说一个案例，看看实践中如何把预热工作做好。

第 8 章 开业，一炮打响的方法和策略

社群里一位老板分享了一个新店预热海报，他提出的问题值得我们开店人思考：

分享一个昨天晚上逛街无意间看见的一家蛋糕店在装潢期间的宣传广告。各位老板见多识广应该看过类似的广告，但我还是头一回见，我被广告吸引，停下来看完了文案上所有的字。

图中文案：一冲动开个蛋糕店，也不知道取什么名字。麻烦路过的小哥哥小姐姐帮忙取个名字。取名采纳后奖励现金一万元……

各位帮分析分析，这种宣传方法到底可不可取？有哪些可以改进的地方？老板真的会采纳路人给取的店名吗？还是只是为了吸引眼球而采取的营销手段？

反正我看完后没有帮他想店名，感觉老板不是很诚心啊，现场没有笔，也没有联系方式。空白处倒也有两三个名字，不知道是不是老板自己写的。各位怎么看？

针对这个案例，我说说我的看法：

第一，新店的预热广告是很重要的，会很大程度上影响开业的效果。很多老板意识不到这点，装修期间可能什么都不做，或者也只是挂张言之无物的海报，写上"＊＊，即将开业"，这都是属于资源浪费。

第二，预热宣传的目的不是告诉别人你这里要开业了，因为这是没用的

废话，而是要言之有物。你可以告诉别人这里卖什么，放上几个主力产品的图片；还可以放上你门店的口号，口号要能体现你的产品理念；也可以提炼出产品的卖点和你的核心竞争力；也可以是未来的活动预告，等等。总之，要言之有物，要能吸引别人的注意力，最好能让别人记住你。

第三，案例中海报的吸引力在于能和顾客产生互动。一万元一个名字，能吸引顾客关注，这一点很有冲击力，是海报的亮点。当然，如老板所说，这个海报还有很多可以优化的地方：

- 既然有空白区域，现场放几只笔是应该的，要不然就让人觉得没有诚意；
- 应该放上店铺的二维码和联系方式，让顾客觉得店铺是在真心做事；
- 海报的设计方面，一万元取名才是这个海报要突出的点，应该用最大号的字体，而且要写阿拉伯数字，放在最显眼的位置。其他信息都可以放在下方作为解释性的文字。这样得到的关注应该会是现在的好几倍。

第四，顾客扫码加微信后要有专人负责维护这部分顾客，感谢顾客参与，收集顾客建议，还需要和顾客互动起来。在朋友圈里展示这个店筹备过程中的点点滴滴，而不仅仅是征集名字。这样会让顾客见证一个店的成长，会产生感情连接。开业后他们就能成为第一批到店顾客。

第五，可以在微信里做一次店名的线上评选活动，设置相关的评选机制，成立一个临时群专门做这件事，参与的顾客在开业以后可以享受优惠；设计激励机制，尽量能让大家自发宣传，比如发朋友圈就能成为店里的VIP。

一个店如果还没有开业就有一帮人天天惦记着，那么开业后的生意是不会差的。

8.4 地推预热：一次可以打 90 分的预热活动

我见过一次可以打 90 分的新店预热活动，是由一家小区外的花店举办的。这个小区入住率不高，人气也不是很旺。不过，马路对面是一个成熟的小区，入住率高，人流量大。

其实，店开在这种地方，如果没有高超的运营技巧，是很难存活的。老板估计也是意识到了这一点，在店还在装修的时候，就开展了轰轰烈烈的预热宣传活动。

下面是他们地推活动现场的图片，一个活动现场是在店铺的斜对面，另一个活动现场在附近的一个商场入口。

每个地推人员穿着统一的绿色服装，都拿着宣传单子，嘴里喊着活动口号，介绍店铺情况，很有激情。围观人气挺足，二三十个花篮一会儿工夫就卖完了。

他们的操作如下：

第一，叫卖着"58 元的花只要 29 元啊"，花是用透明袋子装着的，里面有花和花瓶，看上去很漂亮。

第二，有人过来，他们就拿着单页开始介绍："只要成为我们店的会员，这份原价 58 元的花只要 29 元。我们的店就在那边，8 月 16 日就开业了，到时还可以免费领花，还有好多其他福利。"

第三，凑过去的人都挺感兴趣，一看是半价，也不贵，而且店就在附近，开业还可以送花，很多人纷纷购买。但支付环节要到他们的线上店铺领券，领完券支付完，买家就自动成为会员。

第四，地推人员还会让买家加一个私人微信号。

下面来说说这个预热活动为什么好。

第一，这个地推活动持续一段时间了，在店开业前，就让很多人买过他们的东西，而且知道了他们的店就在附近，起到了宣传预热的作用。

第二，活动成本低。别以为卖半价店就亏钱，实际上这样的花瓶和干花，批发价就是 30 元左右，说不定他们还有一定的毛利。

第三，让买花的人成为会员，这些人都是未来的种子用户，他们知道了这个店什么时候开业，有什么活动，如果那时有需求都会来捧场。

第四，加上了很多顾客的微信，方便以后的日常运营。

当然，这个活动也有改进的空间，比如店门口的预热广告应该做起来，好的预热广告的效果不亚于一个地推团队。

8.5 开店试卖："啥也不做"的佛系两天

一个店在装修完成后到生意打开局面前这一段时间，我会将其分成三个阶段：

第一阶段，试卖期，1~3天，用于员工熟悉工作环境，找到感觉，进入状态。

第二阶段，试营业期，3~7天，用于增进顾客信任，积累粉丝。

第三阶段，开业阶段，1~3个月，用于新店打开局面，让顾客养成来店里消费的习惯。

这三个阶段缺一不可。本节就先说说试卖期要做的事情。

每次新店装修完，设备也安装完毕，一切就绪后，我都会开门试卖1~3天。

开门试卖是在试营业前我自己加的一个环节。这个阶段什么活动、什么宣传都不做，就是开门营业，正常卖东西。

为什么要安排这个阶段？有以下两个主要原因：

第一，给员工时间熟悉工作环境，熟悉流程，看看机器用得顺不顺手，产品能不能高效率做出来，这是主要目的。

我第一次开业，简直就是大型"翻车"现场，惨不忍睹。因为厨房效率低，顾客等餐要等上一个多小时，还很难吃。顾客指着我爱人的鼻子骂，希望我们早点倒闭。当时店里还同时开通了外卖，早上叫人发了几千张单子出去，饭点前接了很多外卖单子，最后也是一个个打电话退掉，现在回想起来都觉得当时的状况挺恐怖。

为什么会这样？因为没有进行试卖和试营业，想着房租高，就急着开业，最后结果就是把第一批顾客得罪殆尽，导致后面整整一个月，营业额都非常差。

第二，观察顾客对于店面的反应，在没有任何激励作用的情况下，看看顾客进店率情况。顾客进店后问什么问题，点什么产品，对价格的反应，等等。

如果一切顺利，试营业期可以顺势开始；如果试卖期情况不理想，那就要分析原因及考虑原先制订的开业计划是否要调整。因为店铺还没开业，还没大规模宣传，老板进可攻，退可守。

老板这个时候一定要在现场，因为一个新店运行起来总有各种预想不到的问题，发生了往往要立马解决。

试卖期，营业额不是重点，毕竟是新店，你还没有告诉别人店在营业了。试卖期的重点是员工熟悉工作环境，各种机器设备的调试，出品流程的梳理，人员的配合，相当于开业前的热身。

8.6 开业前的试营业必不可少

试卖期如果进行得顺利，接下来就可以试营业了。

什么叫试营业？简单说，试营业跟开业的区别就是门口放不放花篮，放了花篮就是开业了。试营业有两个目的：第一，继续观察在进店人流增加的情况下还有没有其他问题，第二，为正式开业做准备。

第一个目的：店铺是否存在问题要观察四方面的情况。

第一是顾客对店面的整体感觉。因为推出了活动，也做了宣传，要和试卖期的进店率做对比，分析活动效果如何。这时候，也可以初步判断出位置是不是选对了，有没有自己的顾客群体。通过试营业，基本可以感觉到顾客对新店是什么感觉，是喜欢，排斥，厌恶，敬而远之，还是跟自己无关？

第二是产品是否受欢迎。可以基本判断出哪些东西受欢迎，以便在正式开业前调整好产品结构，并安排好生产。

第三是价格是否合适。顾客点单或买单的时候往往会表现出来对价格的态度。

第四，店里的各种流程是否合理，先做什么后做什么，东西怎么摆放最节省时间。店里物品、宣传片如何放置使顾客最容易看到，都可以在试营业期视情况做出一些调整。

第二个目的：为正式开业做准备。

试营业还有个很重要的目的就是让开业更火爆。因为试营业的周期一般会在3~7天，这期间要让更多的人体验到店里的产品和服务，也要注意保留进店顾客的信息，加顾客微信，让他们知道什么时候开业，什么时候做活动。

明白了这一目的之后，试营业就理所当然要做点活动刺激顾客进店。我做过最大力度的活动是店里产品"免费送"。不过，不是纯粹的免费，而是需要加上我们店的微信，同时要求发朋友圈帮宣传。

纯免费是要不得的，因为免费的东西顾客不会珍惜。尽管这个活动让顾客付出的不是金钱，而是时间、精力和人脉。对于顾客来说，这也是成本。

顾客愿不愿意这么做呢？海报贴出来，规则也很明确地写在海报上，愿意的顾客就会参加，不愿意的则不会进店。不想参加活动但是也想体验产品的，可以付钱买。

活动效果怎么样呢？两次都很成功，差点把店挤爆，而且连续几天都如此。几天时间，有上千人吃过我们的东西，留下了微信，还帮我们宣传了。活动为开业做准备的目的完全达到了。

一个小品牌新店，要获得顾客的信任，让他们心甘情愿关注店面的信息是一件很难的事情。新店面世，通过低成本甚至免费体验产品获得他们的关注，是一件很划算的事情。

8.7 新店试营业就是一个"练兵期"

试营业期也是老板观察和调整宣传策略的窗口期。

有一次,我的新店在试营业期情况很不好,进店率很低。大家都捏了把汗。但是情况很快得到了改善,营业额很快就从四五百元提高到了两千多元。

你可能有疑惑,同样一个店,产品还是那些产品,人还是那些人,为什么相差如此之大?我主要做了以下三点变化:

第一,做了买一送一活动。在门口用了两个门型展架把活动内容醒目地展示出来。

第二,铺了红地毯。铺得很长,很能吸引眼球。

第三,门口贴了两张海报,半夜添加上去两句文案:"天天路过,迟早要进来,为何不趁早""真诚比较长久,套路昙花一现"。

所有宣传材料的主色调都是红色,字体很大。为什么要这样?因为有视觉冲击力,曝光率就会增加;传递的信息力度更强,显得很有自信。

算下成本:地毯259元,门型展架和海报60元,一共花费319元。319元让店里的营业额翻了四倍,真是一件很划算的事情。

当然，这里还有一个重要的原因是，这些措施会让消费者的消费决策过程变得很短。如果没有宣传，顾客观望情绪很浓，都只是往店里看一看，不知道有没有开业，这迟疑的半秒，会让很多人取消了尝试的想法。

如果这些措施仍达不到目标，我后面还备有三个补救办法：

第一，发宣传单。

第二，做试吃试喝活动。

第三，设计两个活动，一个是加微信买一送一，一个是加微信发朋友圈并转发截图后可以免单。

老板们在试营业期一定要稳住，不要一下子把所有措施都用上，需要走一步调整一步。这也是为什么试营业需要 3~7 天，因为一旦开始的效果不好，后面有时间补救。

试营业期间的活动力度不宜太大，至少要比正式开业时的活动力度小。因为新店开业前期，最重要的是摆花篮正式开业那几天，试营业是为开业做准备，不能抢了开业的风头。

8.8 开业就是要让顾客占便宜，而不是要排场花哨

试营业差不多了，接下来就是正式开业了。

先看社群里一位老板新店开业时发生的事情，过程还有点跌宕起伏：

开业做的活动是全场半价，第一天做的时候早上居然没什么效果，就算是半价，很多人还是持观望态度，直到中午才开始爆满。第二天情况就好很多，从早忙到晚。

这次做活动确实起到了很好的效果，比请乐队敲锣打鼓强多了，活动的价值是让顾客实实在在地占到便宜，享受到优惠，而不是排场弄得有多大，营销方案有多花哨。

其实这次做这个开业活动我的内心是很忐忑的,因为我以前开店根本没有想过一个面馆开业需要做什么加微信发朋友圈享受半价的活动,以至于第一次开店的时候前半个月每天营业额都没超过500元,当时还一个劲地以为是产品有问题,每天都想调整产品。

而这次做了活动后情况确实不一样,几天之内已经积累了一批种子顾客,很多顾客还主动要求给他们送餐。

老陈说的对,如果刚开业生意都很差的话,最重要的原因只会是宣传不够和活动力度不够。这次做活动在刚开始的时候没有效果,当时我的内心也有点慌。我把活动内容发到开店笔记社群里,很多老板说我这个活动做得太复杂、太麻烦了。但我不这么认为,因为半价的力度对于一个面馆来说算是非常大了,基本不挣钱。早上才开始做活动的时候没有人是因为主要的目标群体没出来消费,中午的时候写字楼里的人出来了,这个活动的价值一下就体现出来了。半价对于这些上班族来说吸引力还是非常大的,大部分人都很愿意拍照发朋友圈。

经过这次活动的刺激后,顾客对我这个新店的防备心理明显减少,最近的回头客也越来越多了。最后我想说的是,有一种方法叫作重复成功者的脚步,像我这样资质愚钝的人只有照搬老陈的理念了。

很多老板都会问"开业怎么做活动"这个问题,他们总是绞尽脑汁设计很复杂精巧的活动,期望一战成名,甚至花钱请一些所谓的策划公司帮忙设计活动。最后的结果往往就是钱都被策划公司赚走了,店却没做起来。

而我的开业理念很简单,很容易操作,这些年我的开店实践也证明这些理念很有用。简单归纳为以下三点:

第一,开业活动力度要大。力度大,是吸引注意力的需要;是说服陌生顾客走进一家新店尝试的需要;是让更多的顾客买到你的产品的需要,也就是人气的需要。

开业火爆的现场就是最好的广告，会吸引更多的人过来尝试，人都是从众的。老板说顾客对他新店的防备心理明显减少，就是因为吃过他家的东西了，占到便宜了，味道还不错，从这以后就是常客，就是低头不见抬头见的"邻居"了。

人和人的关系如此，人和店的关系也是如此，开店就是做人。 每个人都喜欢跟大气的人打交道。

第二，开业活动要考虑宣传效应。因为一个新店最缺的就是知名度，做大力度活动的同时提出顾客帮忙宣传的要求是不过分的。**不要怕提条件，你没有条件反而让人感觉不踏实**。老板的半价活动，加上朋友圈宣传的条件让自己的店短时间内产生大量曝光是非常有效的策略。

第三，活动要简单直接。"直接"的意思就是要给目标顾客带去优惠。**与其把钱用在花哨的营销活动上，不如直接把钱通过折扣等形式补贴给目标顾客**。这样的好处是，不仅有了人气，而且顾客吃上、用上了你的产品。自己的产品好不好，能不能留下顾客，很快就知道答案。

同时，**活动不要复杂化，不要同时做几个活动让顾客挑选**。就做一个活动，把所有资源都用在这个活动上。顾客就不会看着海报想半天盘算哪个活动最划算，节省了决策时间。如果你有多个活动，可以一段时间安排一个活动。

8.9 懂得这一招，开业何须请托儿排队

希望开业火爆是每个老板的梦想，在品牌实力没有达到万众瞩目前，一开门就门庭若市是很难做到的，怎么办？于是就有老板动歪脑筋，请托儿排队，利用消费者的从众心理吸引顾客前来尝试。

我觉得请托儿这招实在是太低级了，而且不管从哪个角度看，请托儿的性价比都不高。同样是为了达到排队的效果，一定有更好的办法。

这个方法就是前面试营业小节里提到的免费活动。免费活动不仅可以用于试营业期，或新品上市期，更应该用于开业期。本节就详细说说开业时如何做免费活动。

当然，免费不是绝对的免费，一定是需要条件的。我的条件就是加店里员工的微信和发朋友圈宣传。有些品牌可能需要下载 App，有些需要办理会员。总之，就是设置条件，要用大力度优惠换取自己想要的东西。这个条件就是顾客付出的成本。

有老板觉得让顾客参与活动难以开口，可以考虑下面的做法：

介绍活动的时候，告诉顾客："我们是新店，需要大家多关照，帮忙多宣传一下。"一定要笑容可掬，态度诚恳。然后马上让顾客的视线转移到菜单上，说："请看菜单，随便挑一种喜欢吃的，挑最贵的吧，这个、这个还有这个……"

这个分享一定是一个自愿的过程，一旦发现顾客不情愿，马上终止介绍。

让顾客加微信发朋友圈是一件比较难的事情。操作要简单易懂，不要弄复杂，评语可少可多，因为顾客分享到朋友圈之后还会与他的朋友互动。

发的内容除了要求有图片之外没有其他限定，图片可以是门头图片、菜单、海报或产品，由顾客自己选择。

介绍活动的时候不要给顾客太多压力，要营造一种被需要的价值感：我需要你的帮助，需要你动动手指告诉你的朋友：这里有家好店，今天有大力度活动。

这个活动的威力就在于可以让店周围 3 公里的目标顾客快速知道你的店，加微信的人群还很精准，都是来店里消费的人，他们发朋友圈影响的大部分也是附近的人，特别是写字楼区域，一个人发朋友圈，很快整个办公室的人都知道。

为什么要免费？这不是吃亏的事情吗？下面我讲解为什么这是一件包赚不赔的事情。

免费，是有条件的免费，是要用免费换自己想要的东西。一个新店最想要的东西是啥？是知名度。更具体来说，是让更多人体验我的产品。而这个活动，能最高效地完成这个目标。送出多少个产品，背后意味着有多少个顾客帮我们宣传，而且是精准宣传。一条朋友圈至少有10个人能看到，这些人很多就是在店周边，也都是目标顾客。

此时，产品的意义增加了，不再是单纯的产品，而变成了一个宣传载体，这个载体比宣传单页的威力大多了。

有条件的免费送，实质上是花一个产品的成本钱买了顾客微信朋友圈的广告位。请人排队是把钱给中介公司或黄牛，而这个免费活动是把广告费给了顾客。顾客来了，让店里有了人气；也体验过了产品，以后就可能是常客。

新店，要担心的不是赔不赔的问题，而是要担心你想赔，赔不出去，或者赔了，没有换回自己想要的结果。

8.10 如何从开业过渡到正常运营

有人问，那没有活动了，还会不会有生意？从开业到正常运营，中间如何衔接呢？

第一，正常运营后，开业活动不能马上停，而是要继续一段时间，但是活动力度可以慢慢递减。活动力度递减的方法有很多，如折扣力度降低，折扣的范围缩小，由面向全部产品到面向部分产品。

活动力度的大小，老板自己把控，最后的算法都是看毛利率。比如我某次活动的力度是5折，毛利率大约只有20%，那后面可以设计一个第二份半价的活动，毛利率就差不多能到 50%。

活动的形式，每个行业都会有所不同，老板不要执着于活动的形式，而是要学习活动设置背后的逻辑和普遍性的方法。

活动力度下降，营业额就会随之下降，这时老板要想开点。如果天天是开业那样的人气还得了？只要下降在合理范围内就没有问题。

第二，为什么活动不能停？因为活动突然停了，顾客受不了，要考虑顾客的心理承受能力。活动力度变小顾客都不爽，但一想产品不错，还是能接受，可是如果活动突然停了，顾客就可能不来了。

第三，更核心的原因是要养成顾客来你店里消费的习惯。大品牌为什么值钱？就因为很多人习惯用它。老店为什么生意稳定？因为很多顾客有在老店消费的习惯。但是习惯的养成不仅仅需要时间，还需要重复。顾客消费的次数多了，就会养成消费习惯。以后再吃类似的东西，享受类似的服务，顾客脑海里就会把你放在选择范围内。

这也是为什么我常说开业要舍得做活动，而且要有力度。力度多大，对顾客的心理冲击就有多大，对你就有多难以拒绝。**很多老板会绞尽脑汁想活动的创意，但是就是没有魄力拿出力度来做活动，钱花了，效果反而不好。我觉得，力度就是最好的创意。**

那开店是不是有力度就会成功？也不一定。因为经营店面是一件长期的事情，不光要把顾客吸引进来，还要把顾客留住，能否留住顾客，就要看产品了。

还有一点值得注意的是，如果开业你做了活动，效果不佳，大概率是因为宣传没做好。如果知道的人少，活动力度再大也没意义。

想到宣传，很多老板就想到发单。发单虽然是一种低成本宣传方式，但可以考虑放在后面的运营中使用。我最近几年新店开业没有印一张宣传单，效果也可以。

宣传包括什么呢？

首先，成本最低的宣传就是把店门口的宣传做到位：海报、花篮、地毯、喇叭、气球、拱门、图腾柱、吆喝声，甚至敲锣打鼓的各种表演，等等，所有能吸引眼球的东西就是最基础的宣传，你要保证路过的人都能往店里看上几眼。

其次是微信的宣传。前面已经详细介绍过，引导顾客积极发朋友圈，发朋友圈就打折，送东西。不要觉得俗气，这招屡试不爽。

第三就是发单和地推。一般也是结合起来做，门口发单拦截路人，提醒店里卖什么，有什么活动；在附近人流量大的地方摆摊设点，介绍产品，吸引顾客关注微信，引导顾客到店消费，这些都是开业要做的基础宣传工作。

如果还想进一步，可以扩大范围，从线上引流。从各种第三方平台、自媒体、当地的公众号软文推广引流，或和地方的网红合作，让网红到店消费做直播等，都是可以尝试的宣传方式。

开业案例一：让我胆战心惊的新店开业活动

下面分享一下我自己的社区店的开业活动。前文介绍开业活动的力度要大，甚至可以免费，但是我这个店的活动力度比较小，效果也不错。

活动主题是：开业充值免费送。

具体内容是：

冲 100 元，送 10 元，再送产品 a 一份；

冲 200 元，送 25 元，再送产品 b 一份；

冲 300 元，送 50 元，再送产品 c 一份；

冲 500 元，送 100 元，再送产品 d 一份。

不充值的顾客全价购买产品。

活动的目的是期望通过开业活动，用充值的方式锁定一部分顾客，以最低成本把会员库建立起来。因为开业是一定要做优惠活动的，充值也一般有优惠活动，两者放一块，等于省了做一次活动的成本。

这次开业活动力度不大，充100元只送10元，外加送一个3元钱成本的产品。门槛是比较高的，需要充值，才能享受活动。对于一个新店来说，在顾客信任基础还不是很牢固的情况下，让顾客充值的活动是冒进的。我本人就是一个在任何店都不充值的人。

以前的开业活动很有效，为什么这次我不继续采用之前的方案呢？有下面两个主要原因：

第一，这是社区店，门口就是广场，在门口活动的大多是老人和小孩，如果还是做免费试吃的活动，非目标人群会一哄而上，目标顾客反而吃不到。所以，门槛必须提高到需要充值，这样才能把优质的顾客筛选出来。

第二，我想尝试一下不同的开业思路，看看结果会怎么样。

在活动现场我听到店员在向顾客介绍充值活动时，就是单纯地把海报上面的活动内容背一遍。我听了之后觉得完全不行，于是将话术改成下面5句话：

"你好，今天我们有充值免费送的活动。"

"超级划算。"

"充100得110，还可以送××产品。"

"吃得越多，送得越多，您可以看看这个牌子上写的。"

"只有开业才有的活动，不要错过。"

各位想一想，本来对数字没那么敏感的女性顾客，对新店很陌生，店员却背诵了海报上的一堆数字给自己听，顾客当然不会理解，更不会接受。所以：

第一，要尽量少说数字，说一个就可以了，其他的让顾客自己看。

第二，要为顾客概括活动内容。比如"充得越多，送得越多"。

第三，要说能打动人的形容词，比如"超级划算"。

第四，要告知稀缺性，错过了就没有了。

固定的话术不容易忘记，可以脱口而出；不同的店员说出来都是一样的效果，而不是靠临场发挥。沟通的效率和效果都大大提升了。

最后，我建议开业时老板一定要在现场，因为开业是一个店的关键节点。

什么叫关键节点？就是在整个事件中，起承上启下作用，同时也对未来有重要影响的节点。关键节点做好了，其他事情才能顺利开展或开展得更好。很多人可能恰恰相反，在关键的时候往往掉链子，后面的一系列事情成了"救火"，原本主动的事情，变得被动不堪。

开业这段时间如果没做好，后面要补救起来的难度就会大大增加，需要投入数倍的时间和精力来弥补。我的第一家店，因为开业前后没做好，顾客得罪殆尽，后面花了九牛二虎之力才把营业额拉上去。

我现在虽然基本不用忙店里的具体事情，但是我要求自己在新店开业阶段至少有一个月甚至更长时间待在店里，直到一个店的局面打开。局面打开了，营业额稳定了，各项数据达到预期了，才可以不用天天盯着店。紧张一个月，轻松一整年。

开业案例二：开业免费送，却无人问津

一位老板跟我说，他的奶茶店开业三天了（11月份开业），前两天是免

费送，人少得可怜，第三天才做了 100 多元的营业额。这个店他投入了大约 12 万元，花了他几年的积蓄，满怀期待地开店，现在这种情况快让他崩溃了。

我看了一下他加入社群的时间，已经两年多，算是老社群成员了。但可以判断，加入社群后，他没有认真学习，犯的是一些很严重的错误。

第一，选在错误的时间开业。

在北方，11 月份已经进入冬季，开业时间是第一个严重错误。做任何事情，都要讲究天时地利人和，选在淡季开业，除非开店老手，有特定的策略和步骤，否则不要轻易尝试。开业最好开在旺季早期，比如，奶茶的旺季是在 5~10 月，那么 4~6 月就是最好的开业时间。

第二，即使天气再冷，我认为在免费的情况下仍没人进店是无法理解的，唯一可能的原因是：位置选址严重错误，没有目标顾客。

一问老板，果然是开在一个老旧的小区广场，在这个广场附近活动的基本上都是老年人，年轻人很少活动。老板选择在这里开店主要是因为便宜，而且同行少，竞争没那么激烈。

我一直强调，选址的第一条原则是贴近目标顾客，而不是其他。如果没有目标顾客，便宜就意味着贵。不仅仅投入难回本，甚至会亏本，更重要的是浪费了宝贵的时间。

第三，有了上面两点，一个店的命运就基本上注定了。这里补充另外一种可能，就是开店前的预热没做好，没有提起顾客的关注和兴趣。

这么一个店，有没有救呢？

- 那要看这个店的成本费用是不是老板能承受。如果能承受，那老板还有时间去调整产品结构。
- 还要看老板的产品弹药库充不充足。天气凉可以上冬季产品，也许可以挽回一些局面，或者干脆开发一些老年人喜欢的养生产品。
- 最后，还要看老板能不能沉得住气。新手开店的典型特征就是，生意不好就会想到转让店，而不是找原因，想办法。如果能够及时意识到以上问题，同时心态不崩溃，而是积极行动起来，找对策，那慢慢变好还是有可能的。

我认为这个时候，老板起码要做到不逃避，努力尝试着去改变现状，坚持一段时间。这样做不是一定要把店做成功，而是为了让自己在实践中进步，为未来积蓄能量。

开业案例三：人气火爆的开业需要做什么

下面分享离我的店不远处一家鸭脖店的开业情况。

活动一共持续6天，阶梯式的活动设计：第1~2天5折，第3~4天6折，第5~6天7折。这个开业活动还是比较成功的，我去现场看那天是第4天了，人气还不错，基本达到了开业火爆的目标。

结合下面的图片，下面总结一个成功的开业活动要做哪些事情。

第一，开业要有开业的样子，让顾客一眼望过去就知道这个店开业了。这个店为此做的工作：摆了花篮，门头装点了彩色气球，有地毯，有横幅，还有海报，等等，这些物料往店里一放，就有让人去一探究竟的欲望。

第二，要有大力度的折扣活动。这个品牌算是一个比较知名的品牌了，但是店老板没有端着架子，一上来就是打了五折，而且活动持续将近一星期，尽显诚意。

为什么要用"诚意"这个词？因为这是顾客期望的。顾客认为开业就要做活动，如果你不做，就觉得老板在摆谱，不把顾客当回事，立刻让顾客与店的距离疏远了。

第三，要有引流措施。这家店的引流措施有两个，一是门槛大高音喇叭一直播放信息；二是店铺附近各个路口安排一个人拿着5折广告牌吸引路人的目光。

现在还有很多新生代的店从新媒体平台上引流，比如从社交平台、各种短视频平台引流，这要看你的目标顾客是不是在上面。

第四，要有留客措施。这家店在门口设置了一个抽奖活动，满50元有资格抽奖，抽奖要先关注公众号，关注公众号后下次买单还可以立减5元。

第五，货物要备充足，图片中店门口放着一堆堆做好的产品，防止断货。开业是争分夺秒的，最好不要断货，不要迷信饥饿营销。

万一做完以上的措施依然冷场怎么办？可以尝试做力度更大的活动，但活动要附加宣传条件，引导顾客在其朋友圈或微信群宣传。活动形式可以设置成单一的条件，也可以设置分级条件，不宣传的享受低力度活动，宣传的享受高力度活动。

开业活动的成败不在于创新，小店也没必要创新，而在于执行，只要把一两个活动执行到位了，人气火爆的开业就可以拭目以待。

开业案例四：一个让很多人扭头就走的开业活动

这是一家茶饮加盟店，装修得不错，很干净，看上去很有格调；位置选得也可以，除了租金高了点，我觉得没有什么毛病。旁边都是中餐馆，这种地方开个茶饮店，只要产品可以，成功率还是比较高的。

第 8 章 开业，一炮打响的方法和策略

这个店现在虽然还开着，但是当时的开业活动我认为并不成功。

下面是现场图片，当时正是消费高峰时段，但他的店门口却门可罗雀。以这个店的位置，开业不应该是这样的情景。

人多人少还是其次，最主要的是其活动设计让很多顾客失望，没买东西就走了。这样的人至少占进店顾客的三分之一。

问题出在哪里呢？在于活动的设计。活动是买一送一，买一杯产品送一张代金券，代金券需要在三天内用完，还不能当天使用。

顾客看到是买一送一，被这个活动吸引过来，但进店后被告知是送一张券。于是现场就有很多人说："走吧，原来是假的买一送一。"

老板估计会喊冤：送券也是需要成本的啊。

如果仅从成本的角度考虑，那老板就想得简单了：

第一，一杯奶茶的成本没有多少，就算一天送出 500 杯，每一杯成本 4 元，一天也就 2000 元的原材料成本。

对于开店的人来说，2000 元钱不是大钱。这个店前期的投入至少在 30 万元以上，在这么重要的时间点，一天 2000 元的活动预算相对来说就是小钱了。

更何况，买一送一是要付一杯的钱，这一杯的价格是可以把两杯的原材料成本找回来的。

这里其实不是算账的问题，是长期主义思维导向和短期主义思维导向的选择问题。短期主义就是要每天都挣钱，每一单生意都赚钱，最好开门就赚

钱，开业第一天就挣钱。

一个店的投入不仅仅是各种固定资产投入，还包括新店开业后到打开市场局面这段时间的投入。这一段时间还需要继续花钱，为的就是提高知名度，让更多人知道你的店。当很多人知道你的店了，用过你的产品了，觉得你的东西不错，那么后期赚钱就是很自然的事情。这就是长期主义思维导向。

第二，**做吃的生意，我觉得最好的推广方式就是让尽可能多的顾客尽早吃上自己认为好的东西。说一千遍一万遍不如顾客吃上一口**。这是我开店这些年来总结出的一个很重要而且很有效的方法。开业活动也要围绕着这个理念来设计。

开业对一个店来说是非常重要的时间窗口，这个时间段顾客对新店多多少少会有些憧憬和期待，这个时候让大家进店捧场的成本是最低的。

第三，活动的设计没有顾及顾客的感受，让人感觉这个店太小气，玩文字游戏。

开业案例五：火爆的开业活动，你也做得到

下面这个花店的案例，在试营业一节里提到过，这家店的开业活动做得也很成功。

先看图片，相信你能感受到现场火热的气氛。

在一个新小区开店，把开业阶段做得这么成功，让附近的目标顾客在最短时间内知道这里开了家花店，这是需要花很多功夫的。

下面梳理一下这家店做了什么，哪些

做法是我们可以借鉴的。

第一，必不可少的是活动。我经常说，如果你是小个体，开业别无他法，大力度活动是必需的，这是最省时省力的办法。

这家店也不例外：

- 针对会员，有免费送的产品；
- 有打58折的产品；
- 有前100名赠送的大礼包；
- 有前200名赠送的小礼包。

后面这两个活动让很多顾客早上九点一开门就去排队了。

下面是预热的时候发的单子，开业的时候单子上的所有承诺全部兑现：

第二，现场的宣传造势。

在晚高峰时段，老板在店门口做了一个开业典礼，典礼上有主持人，有互动，有表演，有背景音乐，还有模特。现场很热闹，持续了一个多小时，那会正是晚上下班高峰期，路过的人纷纷驻足观看。

值得注意的是，开业这天并没有发传单，那么这些顾客怎么来的呢？

这才是我们要重点学习的地方。

上面提到的两点：大力度的活动和现场的宣传造势都好理解，也好操作，无非就是老板舍不舍得花钱的问题。而如何吸引顾客到店是开业火爆的难点。

答案就是开业前的预热。不仅要预热，还要在开业前就把很多目标顾客变成会员，开业前就告诉他们开业有什么活动，并且强调开业的很多活动就是针对他们的，是对他们承诺的兑现，是一种福利。

为了让开业时有足够多的目标顾客参与，那就需要把开业预热的时间拉得足够长，做的地推场次足够多，具体的细节可以参见前文。

这是我们很多人没有做到的，包括我之前的开业活动也没有做得如此深入。我的开业预热，也只是在门口放上预热的广告幕布，是单方面的广告，而不是和顾客互动，更没有一开始就把顾客变成会员。

要深入操作难么？不难。但需要有这个意识，需要有一套会员系统，还需要花更多的时间、精力和钱。

开业案例六：一家生鲜店的成功开业活动

钱大妈是一个郊区的社区店，店很小，大约就30平方米。小区一万多人，店开在小区的广场。这里的生鲜蔬菜店的竞争还是蛮激烈的：有四五家跟钱大妈类似的蔬菜水果店，附近一公里不到有一个巨大的菜市场，可以说竞争是很饱和了。今年钱大妈在这个城市发力很猛，连开了很多家新店。钱大妈来了，估计附近有一两家同行要倒闭。钱大妈位于小区里很好的位置。这个位置之前是一家粉面馆，转让费20万元，月租金1万元。

下面这张图是开业时的场景。

前面说了，开业的过程不是一天，而是一段时间，这个店就是这么做的。

| 第 8 章 开业，一炮打响的方法和策略 |

开业分为下面两个阶段：

第一阶段是开业前的宣传阶段，也就是试营业阶段，目的是预热宣传和加粉。这个阶段钱大妈做了两件事情：

第一件事是免费送菜，条件是扫码入群才能参加免费活动。

如下图所示，店门口摆了一张桌子，桌子上放上了很多带群的二维码的传单，一个群满了，就换另外一个群的二维码。我进了一个群，是第五群，前面的群都已经满了。这意味着这三四天，起码有两千人扫码入群了。送的东西是一把蔬菜，比如两颗白菜、两根黄瓜、两根胡萝卜，市场价大约 2 元钱。

第二件事是他们这几天会在人流量高的时间段出去游行宣传，举的就是如左下图所示的牌子。五六个员工排成一纵队，一边走一边喊口号，在广场上每天走好几次。不过我感觉如果后面跟上一个发单子的人，效果会更好。

157

开业也安排了如下活动：

第一个活动是抽奖，如右下图所示。购物满 36 元都可以参加抽奖，100% 中奖，最高奖就是免单。其他的奖项，比如送一个西瓜，送三个西红柿，成本不高，但参与性很强。

第二个活动是送代金券或购物袋，进店的人就送。如下图所示，5 元的代金券，要求在 7 月 7 日前用完，每个人可以拿三张。

第 8 章 开业，一炮打响的方法和策略

第三个活动是店里面部分产品做特价，这个活动会持续一段时间，每天都有不同的产品做特价。

第四个活动是早上安排了舞龙舞狮的仪式，将场面弄得很大。那个时候正是大爷大妈们买菜和上班族上班的时间。

钱大妈的开业活动可以借鉴的地方有如下几点：

（1）开业前安排了好几天的预热，同时把顾客都加进了微信群，有什么活动都会在群里发，如下图所示。

大爷大妈们对于价格的敏感度是很高的，哪里有特价就去哪里，所以活动引流效果很好。其实特价的菜就只有那么几种，但是大爷大妈们去了以后很有可能也买其他产品。

（2）舍得送，送菜的活动安排在开业前几天的时间，如果都安排在开业当天，是忙不过来的，而且效果也不会好。

送的成本也很低，每一份两元钱左右的成本，相当划算。如果你的产品成本较高，可以送一些成本比较小的小礼品。

（3）虽然是蔬菜店，钱大妈还是有自己的特点的，比如店口号"不卖隔夜肉"就很深入人心，还有被很多人模仿的按时间打折的告示牌：从晚上7点开始打折，时间越晚打折越厉害，晚上11点半还卖不完的，全场免费送（如下图所示）。

Part Four

第4篇

开业后运营：

打江山容易，
守江山难

第 9 章

小店如何面对竞争

一说到竞争，很多老板就首先会想到价格战、做活动。但其实竞争最不应该做的就是价格战，价格战最后大概率是两败俱伤。就跟人和人的竞争一样，最不应该通过打架来分胜负。

我们接下来介绍竞争更本质的问题：竞争的前提是有自己的优势，有核心竞争力。

9.1 没有核心竞争力，就别开店

什么是核心竞争力？先从个人的发展说起。

每个人身上都有独一无二的气质和特点，有些特点是可以成为一个人的核心竞争力的，它最终会影响一个人的方方面面。有些人很擅长利用自身特点，扬长避短。尽管有满身缺点，但是却一点不妨碍他们的成功。

我接触过不少在某个领域很成功的人，各行各业形形色色的人都有。他们并不是没有缺点，而是在某一方面能力特别强。每当想起某个人，首先想到的是他身上某种强烈的特点。

记得以前在公司工作时，我作为中国区品牌方代表，经常要和沙特阿拉伯区的合作伙伴公司的人打交道，他们的总经理是一个约旦人，那时他66岁了，还奔波在前线。他的特点是说话做事很有感染力和亲和力，他标志性的笑脸和笑声，让每个人都喜欢，所以他能将各方的关系协调得非常好。

我们每个人都会有自卑的阶段，我在自卑的阶段用了很长时间来发现自己的优势特质，从而给自己增加信心。我会模拟自己进入了一个面试的现场，面试官问："你觉得你最重要的优点是什么？"这个问题我常常问自己："我的什么特点能够帮助自己脱颖而出？"回顾自己的经历，我总结了一条：

我很擅长把一件事情"慢慢"做好。我的爆发力可能不好，不能给别人一个过目不忘的"开场白"，也难以一鸣惊人，但是我的耐力很好，总能在黑暗中找到出口。一件很难的事情，只要下定决心，就会全力以赴去做，解决一个个难题，克服一个个障碍，最终达成目标。

当我发现自己有这个特点以后，顿时对自己更加有信心了。再也不会因为有人赶在我前面而惊慌失措，而是告诉自己：你虽然跑得快，但我跑得远。然后不急不躁，稳扎稳打，一步一个脚印；接受自己的无知甚至失败，赞叹自己的成长；用时间换空间，与时间做朋友。

某一天蓦然回首，你会发现，时间真是最可靠的朋友，原来自己不知不觉走了这么远，而且得到了很多意想不到的财富。

这就是发现个人核心竞争力的好处，它会帮助你找到属于自己的发展路径。

人如此，一个店的发展也是如此。要在竞争中脱颖而出，需要有自己的核心竞争力，它就会转化成利润。 否则，再好的位置，价格再低，活动再多，也终究会失败。

有一次选址时，我看上了一个铺子，但是因为租金过高，超出了我的预期而没有选择入手。后来那个铺子开了一家茶饮店，但很快又转让了。中间我跟老板还聊过几次，他说每天营业额不超过 1000 元，店开起来花费超过 20 万元，最后 6.5 万元转让了。前后就 3 个月时间。

这么好的一个地方，人流量巨大，是什么原因导致一个店如此差的业绩呢？答案就是没有核心竞争力：这是一家普通得不能再普通的店，装修普通，菜单普通，产品普通，价格普通，服务普通，活动普通。就是那种别人路过不会多看一眼的店，吃过了觉得很一般的店，体验过了就忘记的店，总之，是一家毫无特色的店。

有一位老板的店正在筹备开业，说自己还没有想好菜单，能不能先按照同类店铺的菜单来设计。我问他，你这不就是向顾客和竞争对手宣告，我没有核心竞争力，我也没有自己的思路，也没有什么特色吗？没有特色的店，凭什么让顾客喜欢并记住呢？

开店前要盘点一下自己有没有能拿得出手的东西，能让顾客过目不忘、流连忘返的东西。如果没有就先等一等再开店。

9.2 如何构建一个小店的核心竞争力

广告界有一个非常经典的 USP（独特的销售主张）理论，这个理论影响了全球广告界半个多世纪，一直到现在还在使用。"独特的销售主张"有 3 个特点：

第一，向消费者表达一个主张，必须让其明白，购买自己的产品可以获得什么具体的利益；

第二，所强调的主张必须是竞争对手做不到的或无法提供的，必须说出其独特之处，强调人无我有的唯一性；

第三，所强调的主张必须是强有力的，是消费者关注的，必须集中在某一个点上，以达到打动、吸引别人购买产品的目的。

劳斯莱斯有一个经典广告，广告词是这么说的："在一小时 60 迈的劳斯莱斯车中，最大的噪声来自于电子钟。"这个广告的销售主张就非常强烈，它告诉顾客，劳斯莱斯的舒适性是顶尖的，竞争对手无可比拟，而且这个主张非常强烈，集中在轿车的密封性好，是这个级别的高端顾客在乎的性能。

小店要让别人记住，要从激烈的竞争中脱颖而出，也必须有独特的销售主张。需要有一个强有力的顾客在乎的而且比竞争对手更优的主张。

甚至可以说，独特的销售主张这种方法可以作为店面定位的方法之一。

老板应该关心下面三个问题：

第一，我的店要给本商圈的目标顾客提供什么样的利益。记得在上海开店时，我的店所在那个写字楼区有一家快餐店的生意好到爆，他的主张是"等待不超过8分钟"，可以说这个口号切中了中午写字楼上班族吃午饭的痛点。为了满足这点，他们对人员安排和流程做了很多独特的设计，做到了出餐确实比别家快很多，即使偶尔超过了8分钟，大家也不会太在乎。

第二，店里的主张是不是独特的，同一个商圈的竞争对手能不能做到。我在重口味云集的中餐一条街上开过一家轻食店。大家都提倡吃得饱，分量多，味道浓郁，那我提倡吃得轻，减轻我们的肠道负担，较少热量的摄入，在追求营养的同时还能控制体重，于是产品一下子受到女性的追捧。

第三，自己的主张是不是目标顾客关注的，是不是有力度的，是不是说出来能够打动人心的。很多老板做生意是以自我为中心的，大多失败的开店案例都是因为老板开了一个自己喜欢的店，而不是开这个商圈目标顾客需要的店。你的主张顾客不仅要在乎，最好还能被其打动。刚刚提到的快餐店承诺等候不超过8分钟就非常能打动上班族，因为他们中午吃饭时间有限，都希望吃完饭能多些时间休息。

9.3 分析竞争对手：要知己，也要知彼

"知彼知己者，百战不殆。"前面说在竞争中，我们自己有核心竞争力是

关键,是知己;面对一个竞争对手,如何做到知彼呢?应该从哪些方面着手分析呢?有没有可量化的方法呢?

绝对的数据量化可能比较难,但可以从以下几步细化对同行的分析:

第一步,总结出评价的维度,就是你要从哪些方面来评价和比较。比如,产品竞争力、店铺位置、老板能力、营销能力、店员素质,等等。

这里要说明的是,不同的生意,比较的维度是不一样的。比如餐饮店,我认为产品最重要;但是文具店,也许地段更重要,因为文具都是标准化的产品,形成不了差异化,开在学校门口比什么都强。

第二步,给不同的维度不同的权重。这个步骤主观色彩比较浓。有些人会认为产品最重要,有些人会认为地段最重要,有些人会认为团队或老板的能力最重要。这个没有标准答案,因为每个人的竞争策略不一样,每种生意的运营模式也不一样。

第三步,根据自己的调查和研究给不同的竞争者打分。得分越高者,越有可能是主要竞争对手。正确打分是需要基础的,这个基础就是自己的观察和研究。

下面这个图可以更清晰地表达上面的意思。

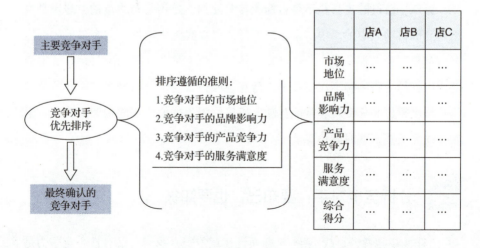

对于评价维度，我一般是从以下几个方面考虑：

第一，竞争对手的市场地位。竞争者可以分为市场领导者、市场挑战者、市场跟随者、市场拾遗者。这个区分工作不难做，主要看生意好坏。生意最好的，一般就是领导者；挑战者就是挑战领导者的，排行老二，来势汹汹；跟随者是大部分参与者的特点——平庸，无特色，比较容易被淘汰的也是这类；拾遗者就是吃别人剩下的，别人看不上的。拾遗者做得好，也可以活得很滋润，因为有自己的目标，不攀比，懂得自己要什么，不要什么。

第二，竞争对手的品牌影响力。可以从两个方面考虑：市场知名度和市场美誉度。知名度是数量，美誉度是口碑。外卖平台、团购平台以及其他第三方平台的数据可以提供很好的参考。

第三，竞争对手的产品竞争力。有人认为一个品牌的发展是靠营销，靠广告，靠地段，甚至靠关系。我不认同，我是典型的保守派，产品最重要一直是我的理念。产品是一个店的价值载体，没有好的产品，靠营销、广告和地段做起来的店终将不持久。

第四，竞争对手的服务满意度。这个听起来有点虚，但是也应该被考虑在内。服务满意度体现着老板的用心程度，还有就是一个店的团队士气。没有好的团队，没有满意的员工，是不会有好的服务的，也自然不会有高的顾客满意度。开店做生意开始拼的是产品，后面拼的是产品+服务。

需要说明的是，以上的演算过程，开店老手都是在脑海中完成的。在考察商圈的过程中，就会条件反射性地在脑海中完成演算；新手在研究考察的过程中可以拿出纸和笔计算，为的是检查考察过程中思考不完善的地方，以便在后面复盘总结时提高。

9.4 竞争的捷径不是"比你好"，而是"跟你不同"

有一次，社群里一位老板分享了他的牛肉汤店开店计划，计划写得很精彩，我觉得他的店大概率可以成功，唯一提醒他的是：太局限在竞争对手的框架里了，不要被同行带偏了。

计划书里有一段是这么写的：

通过对同行的市场调研，得出以下选址方向：

1. 受限于投资成本，暂不适合在市中心商圈开店；基于运作模式，也不适合开纯外卖店。
2. 避免开纯社区店，主要消费群体锁定为大学生，所以学校+社区目前来讲是最适合的选址方向。

而我认为，市区也有便宜铺子，也可以低成本开成店，市中心不应该回避；大学生也许是牛肉汤的群体之一，但肯定不是唯一，甚至不是主力群体。

我们研究竞争对手没错，但是不能钻进去绕不出来，我们研究竞争对手不是为了跟他们越来越像，而应该是为了和他们不同。

首先，竞争对手做的事情未必是对的。尤其是案例中老板的竞争对手总共才十几家，数量比较少，而且都不怎么样，完全没有成气候，都还在摸索阶段。

其次，每个店的成功和失败都会有自己的特有原因，不能简单类比。那些失败的店，比如一家开在市中心的店，本来什么都好，也许只是老板不会开店，能力太差而已，或者产品做得不好，被顾客无情抛弃了。

研究市场，还是要回归到研究需求本身。严格地说，就是要研究消费者本身，看看自己的产品能解决顾客什么问题，为什么自己的产品能比其他产品解决得更好。

这里就涉及两个问题：

一个是自己产品的优势和特点。说到自己的产品，你要两眼冒金星，要对自己的产品有绝对的自信。社群里另一位老板在总结自己的牛肉汤粉店项目时就总结得比较好：

这种店在中餐中是可标准化的店，具有出餐快、复制性强、生命周期长等优点，是一个不错的项目。

（1）清炖牛肉，是不吃辣者的福音。

（2）牛肉蛋白质含量高，脂肪含量低，提供热量的同时还不容易长胖。

（3）吃完粉，连牛肉汤一起喝完，让人感到暖暖的。

（4）产品本身只有一种咸味，缺乏麻辣，比较清淡，这样不容易勾起顾客的食欲。虽然健康，但只靠咸味显然不足，这就要求食材本身就要好吃。

另一个就是分析顾客的需求。这是在开店前最难回答的一个问题，甚至不少老板在开店一段时间后对于自己顾客的需求还不是很清楚。不清楚也没关系，因为对于顾客需求的理解和把握是一个逐步探索深入的过程。

那应该怎么办呢？对于新手来说，把握好两点：

一是把产品做得比竞争对手好。比如你是做包子的，包子好不好吃是有标准的，你要做得比同商圈的绝大部分竞品好就足矣。

二是要随着自己对顾客需求的了解，不断调整自己的经营方向和竞争策略。改变的动力主要来源于两个，一个是外部环境的变化，一个是自己对于顾客理解的加深。

有一次，一位老板说，他的店开了一年了，生意一直很稳定，但今年的生意直线下降，因为出现了竞争对手。对手的知名度更高，价格更便宜，位置更好。于是，他有点想放弃了，问我该怎么办。

有竞争就想到放弃，这是竞争对手最愿意看到的。这位老板显然不能放弃，而是要找到突围的方法。

关于竞争，我想说以下几点：

第一，竞争是避免不了的。竞争对手今天不来，迟早会来，你现在选的位置也许没有竞争，过段时间就会有了；你觉得你的产品独一无二，没有同类，但是跟你竞争的也许不是同类。老板时刻记得这一点有两个好处：

- 其一，有危机感，会让自己进步，变得越来越好；
- 其二，兵临城下的时候不至于惊慌失措，能沉着应战。

第二，做生意要做有门槛有护城河的生意，有模仿难度的生意就没那么怕竞争，不会那么脆弱。越容易做的生意，门槛越低，因为人人都可以做，比如水果生意，农民伯伯推个三轮车就可以跟你竞争，东西比你新鲜，价格还比你便宜。

第三，时间积累起来的优势是别人很难超越的。这个优势是通过时间沉淀下来的，比如顾客的认可、老板的成长、产品升级换代……

第四，性价比最高的竞争策略是差异化，不跟竞争对手比好，而是跟竞争对手比不同，这是竞争的捷径。差异化可以有很多种方式。开水果店你可以卖不一样的水果。比如百果园，他们的很多水果品种就是比别人甜，很多品种其他水果店都没有。

第五，比谁价格低，是很累人的竞争，通常是两败俱伤。在一种情况下可以使用价格战，即你确保你的产品比别人好，那么可以利用低价击垮对手。如果你的产品不如别人，低价也没有用。价格在消费者特别是年轻消费者的决策体系里已经越来越不重要了。

9.5 如何变"被动竞争"为"主动机会选择"

我们都知道差异化的重要性，那什么叫差异化？一定要在产品上标新立异吗？

未必。

因为有时候产品本身很难再创新，或者要做一个完全不同的产品要花很高的代价。这时候的差异化，要在产品的外延上想办法。产品的内涵就是产品本身提供的价值，产品的外延就是给顾客的感觉。

比如，以前在电梯里经常见的广告，来自二手车交易行业的两个"死对头"，一个是瓜子二手车，一个是人人车。都是买卖二手车，产品本身已很难差异化了，唯有在产品的外延上做文章。

瓜子二手车的口号一直是：无中间商赚差价，车主多卖钱，买家少花钱。而人人车网的口号是：好车不和坏车一起卖，每年拒绝100万辆坏车，好车卖好价。

现在想一想，假如你要买辆二手车，你会选择哪个平台？

两个平台都是卖二手车，其实本身的差别不大，但是两个不同口号会让顾客自主做出选择：对价格敏感的人大概会选择瓜子二手车，因为他们的口号让人感觉价格更便宜；而对品质要求高的人可能会选择人人车，因为他们的口号说自己每年拒绝100万辆坏车，让人感觉更靠谱。

尽管这两个平台本身没什么区别，他们却用差异化的理念形成了自己的特色，也用差异化的行为形成了自己的核心竞争力。

之前在上海开店的时候，同一条街有两家面馆竞争得相当激烈，两家位置接近，菜品也差不多，价格都压到最低了，后来留下来的那家就胜在速度。这个速度并不是本来就有的，而是老板"管"出来的，他打出的口号就是"等待不超过8分钟"。于是要求厨房全面调整流程，必须在8分钟之内出品。另一家店其实在差不多时间内也可以出品，不过没这样特意强调，那就很少人会感受得到。

我的第一家店，后来能从每天一千多元的营业额做到后面的七八千元，是因为把工作餐做起来了，工作餐做起来后就跟隔壁的快餐店产生了竞争。我肯定不能跟他们家比快和便宜，我给顾客的印象是这家店的工作餐"吃饱的同时还可以吃好"，我推出了无辣不欢炒米粉，吸引了一大批喜欢吃辣的顾客，很多人为了等一碗炒米粉，冒着迟到的风险，不惜等上半个小时。

顾客在选商家，商家也要选择顾客，这就是差异化的目的。

9.6 隔壁来了竞争对手，怎么办

店开得好好的，来了一个竞争对手，而且来势汹汹，大多数老板会有两种反应：

好斗型

我们社群里有位女老板就是这样的人，她问：

我现在开的一家店是烘焙+茶饮，开业一个多月目前经营状况比较稳定，隔壁马上要开一家85度C，虽然我们的产品比他们家好吃很多，但毕竟知名度有限。

我在想怎么怼他们比较好，目前构想是挂个横幅写'热烈庆祝85度C开业，本店面包85折'，大家觉得可行吗？会不会把他们气死啊？

焦虑型

社群里另外一位面馆老板的店开了三年了，隔壁一家面馆最近开业了，因为对方价格比自己低，他很焦虑地跟我说：

我们店隔壁又开了一家面馆，同类产品他们的价格比我们低三四元。我们家做的是刀削面，他们做重庆小面。这条街上的生意本来就一般，基本上是今天生意不好，明天一准人多，大多数人是轮着吃的，我应该怎么应对？

第一个老板的想法肯定是不妥的。我们可以有斗志，但是完全没必要还没打交道就把邻居得罪了。更何况对方是一个实力很强大的连锁品牌。

做生意，和气生财是第一原则，否则很容易引起恶性竞争，常见的恶性竞争的手段就是价格战，最终两败俱伤。

第二个老板我劝他不用焦虑，因为竞争是避免不了的，不管在哪里，不管在什么行业，总会有人跟你抢生意。既然来了，那就得接受这个现实。

接受现实，静观其变是第一步，为的是调整好心态，保证接下来更好地打仗。没有好心态，步伐容易乱，打不来胜仗的。

同时，要准备好应对冲击，别人新店开业，做各种优惠活动对自己的生意肯定会有影响。这时候，我不建议老板采取任何行动。此时采取行动效果是不好的，因为顾客这个时候是喜新厌旧的，他们会优先体验新店。

但是，不做活动，不等于认输，这时候老板要做的事是客观地分析战场的局势，敌方情况如何，以及我方的优势和劣势。可以从人、财、物三个方面分析：

- **人**：就是老板和他的团队。老板行不行，专不专业，很大程度上决定了一家店的命运，这点很重要。同一件事情，不同的人做出来相差很大。可以从不同的侧面对老板进行了解。既然是邻居，不妨大胆地自我介绍，聊聊生意，谈谈人生和理想。聊几句就大概知道对方是什么样的人和水平了。
- **财**：除了分析老板的资金实力是否雄厚外，更重要的是分析一个店的盈利能力，根据价格、生意情况、成本费用很容易估计出一个店是否挣钱。
- **物**：主要是产品的竞争力和服务水平，包括自己的体验，还包括顾客的评价。顾客的评价更重要，因为这时候的老板都是带情绪的，觉得别人的东西都是垃圾，自己的东西才是最好的。但只有顾客说好的东西，才是真正的好。如果有共同的顾客，可以让顾客说说对两家店的客观评价。

分析下来，双方的优势和劣势，有什么机会和威胁，应该心里有数了，接下来的竞争策略也会更有针对性，更有效率和效果。

这些年开店，身边冒出的竞争对手数不胜数，但最后大多数都倒闭了。我开的店是在城市郊区，当时选择郊区的原因之一是竞争不激烈。但是没想到，店开起来后的几个月时间，周边一公里范围内，陆续开了十几家同品类的店。后来，有好些店直到倒闭的时候我才知道，真是悄悄地来，又悄悄地走了。我记得有一家当时发单都发到我的店门口了，咄咄逼人，如今也早已转让；还有一家老板天天去挖我的店员，甚至开出比我高两倍的工资。

主要竞争对手的东西我都吃过，服务也体验过，老板人也见过，了解了这些以后，就觉得做好自己的事情就好了，市场会优胜劣汰，心态就放平和了。

在面对竞争的情况下老板能不能淡定自若，从根本上取决于实力：

- 如果你评估下来，自己的总体实力在对手之上，那就努力保持优势，扩大优势；
- 如果实力相当，那就选择做不一样，差异化竞争；
- 如果自己实力较差，也不必慌张，再强的对手，都有弱的一面。如果你的对手是连锁大品牌，优势就是品牌知名度高，有钱，运营模式成熟。但劣势也有，经营不灵活，反应迟钝，想上个新品，调整个价格还要等待总部审批；大品牌的服务也必定不如小店那么有温情和人性化。这些都可以成为一个小店的突破口。

9.7 竞争对手总是模仿我，怎么办

这位老板在他们村里开了家超市，最近总被竞争对手纠缠，很苦恼：

老陈，好久没来麻烦你了。我的超市目前处于不挣不亏状态，每天营业额一两千元，除去成本几乎不挣钱。

现在最头痛的是对面的超市，我每次推出一种产品或者活动，他就弄特

价来顶我，即使我新上架个文具或蛋糕之类的，对方都要模仿我。

真搞不懂了，难道都不挣钱真的好吗？不知道您有什么建议。

这就是典型的开店新手心态，总是盯着竞争对手看，关心对手比关心顾客多得多，对竞争对手的一言一行、一举一动了如指掌，对顾客的喜好和建议却充耳不闻。

我们做生意，为的是服务好顾客，不是为了打败竞争对手，因为给我们付钱的是顾客，而不是竞争对手。顾客如果要给我们付钱，对手是抢不走的，那么如何才能让顾客给我们付钱，而不是给对手，就需要更明白顾客需求，更好地满足他们的需求和痛点。

这位老板的活动总被跟进，是对手意在搅乱价格体系，进而搅乱老板的心态和步伐，这是一种竞争策略，是一种战术，是开店老手所为。这位老板心烦意乱，正是中了对方的圈套。

所以，不被对方影响，不要总盯着对方看，服务好自己的顾客，而且要更好地服务他们，顾客就会留下来，竞争对手就会慌，步伐就会乱，就可能犯错，主动权就来了。

再说被模仿，如何不被模仿呢，或者至少不那么容易被模仿呢？我有两点体会：

第一，你做的事情不能是单一的事情，而要是一个系统，且是一个相互关联的复杂系统。简单的事情容易被模仿，复杂的事情，模仿难度和成本就高多了。比如这位老板，他经营超市的策略，不应该老盯着价格，而是要多维度竞争，从产品选品上、价格上、活动上、宣传上、服务上、顾客关系维护上、售后上……多维度竞争，对方就难以跟进了。

这是个很简单的算术题，如果你只做一件事情，对方如果模仿了80%（模仿很难做到100%模仿），那效果就是80%，而如果你同时做了3件事情，每件事情对方都模仿到了80%，那结果就是$80\% \times 80\% \times 80\% = 51.2\%$，也就是对方最后只模仿到了51.2%。难以模仿的系统，就是你的门槛。

第二，动态的东西也难以模仿，竞争对手只能模仿你现有的和看得到的，而看不到的东西，他是想不到的，更模仿不了。所以，如果你的运营本身就是不断在演变，不断在提升，不断在进化，那也相当于提高了门槛。

这个要求比较高，一方面，要找到能够持续提升和优化的突破点，比如推陈出新的产品体系和产品组合，比如方式多样的营销推广策略，不断优化的顾客关系维护。随便哪一点做好了，就会甩开竞争对手的模仿。看看现在市场上的领导品牌，都是在某一方面有强大的不断进化的基因。

另一方面，**老板个人要不断地成长。一个店拼到最后，最核心的竞争力就是老板本人。**

老板开店的时候越长，对竞争对手会越看得开，从开始的紧盯不舍、如临大敌，到后面会越来越淡定，老手都会说：有啥紧张的，生意一起做嘛！

"知彼知己者，百战不殆"，指的是清楚地知道敌方的优劣势，也知道自己的优劣势，才能做常胜将军。但是**商业里的"彼"，或者说开店要研究的对象，不仅仅有竞争对手，还应该包括顾客，顾客才是我们要盯住的人。**把顾客搞定了，顾客满意了，我们自己才能更好；而专注于搞死竞争对手，带来的往往是成本的巨大上升，而且竞争往往会让我们的心态变得很糟糕。

做生意并不是零和博弈，并不是你死我活的关系，而是可以和谐相处的。你用你的方式满足顾客的需求，如果你做得好，我就用其他方式满足。哪怕是同一批顾客，他们的需求也会有不同的层面，如果用心，一定能找到突破口。

面对强大的竞争对手，更优的策略是提供互补的产品。我也有同品类的竞争对手，水平差的对手会打价格战，甚至牺牲品质，而我偏偏会更加注重品质，满足对品质有要求的人的需求。

同行倒了一波又一波，因为他们天天盯着我，而我却盯着顾客。

在万变的市场环境里，顾客的需求才是相对稳定的，把握住市场需求，才不会被竞争对手带偏，自己的步伐才不会被打乱，才能走得更远。

尽全力做好自己的事情，输赢交给顾客选择。

9.8 竞争未必是坏事，竞争会让自己变得更强

先来看社群里一位老板在竞争方面的苦恼：

老陈你好，生意上的事情没有人可以说，劳烦你听我唠叨唠叨。

2018 年我接手了一家朋友开了 15 年的汉堡包店，之前我没做过生意，接手后的一年忙于学习后厨技术，后来添置了新设备把自己解放出来。

去年开始接触'开店笔记'，学习运营，把营业额提高了 50%。今年五月，我亮化门头，增加 LED 滚动字幕。现在店里每天都有活动，让我尝到了营销的甜头。

然后华莱士来了，就在我们这一条街上，开在小学正对面，60 平方米左右，跟我现在店的大小差不多，他们的门头做得很漂亮，开业活动力度也大，不过他们做活动后的价格就是我平时的卖价。

他们上周五试营业，我的店反而比平时的营业额还高出许多。周一他们正式营业，我们店营业额下滑近 20%。我有准备，也读了'开店笔记'上关于如何应对竞争对手的相关文章，心态还是平和的。专注于自己的产品，开发新产品，做更好的服务，开展各种营销活动。

现在有点后悔，暑假的时候没有装修。新开的华莱士，干净漂亮，灯也够亮，很适合年轻人进店。我们店的主要顾客就是小学生和家长，为他们提供早餐。暑假的时候初高中生有很多，经常在这里聚会。现在微信会员也有500 多人，只是我还没有做好微信运营，目前微信的功能主要是方便顾客提前点餐。

我给自己的答案是先稳住阵脚，毕竟我们是一家老店，许多第一代顾客

已经开始带着自己的孩子来光顾小店。我们店的汉堡的肉都是我自己亲手腌制的，起锅就做成汉堡，口感绝对好，价格还超低。去年我提高了一部分产品价格，今年才有空间做活动。只是现在有些忐忑，压力很大，毕竟华莱士一直是我希望做成的店面。希望老陈和群里各位老板给指指方向。

看完这个案例，我想起经常去吃的一家老乡鸡，开了五六年了，但生意一直不温不火。相对于隔壁的饭店，他们的产品种类偏少，量也偏小，价格偏贵。而且，老乡鸡的很多东西都是中央厨房配送的，味道上会有所损失。他们有一道主打菜，就是鸡汤，确实很不错；店铺环境也好些，不是食堂那种大开间；老乡鸡总部也给力，每个月都有新菜上市，这两年营销也做得还可以，媒体上经常有他们的新闻。所以，他们有自己的独特优势，也有自己的粉丝。

作为有总部支持的店，生存压力会小些。不过，这家店让人感觉店员们干劲不够，直到隔壁来了个强有力的竞争对手：大米先生。大米先生在这个城市发展得不错，两家都是直接竞争对手。大米先生装修预热广告牌子打出来没几天，老乡鸡就闭店重新装修了，可见他们也预感到大敌当前了。

所以，竞争虽然会让我们难受，但是也会倒逼我们进步，让我们认识到自己的不足。老乡鸡首先就意识到自己需要改头换面了，这一步没走错，后面营业额也提高得很明显。如果老板能够把压力变成改善自身的动力，从长远看是有利于自身发展的。**去问问那些老店，没有一个店活下来是因为没有竞争，而恰恰是因为各种竞争让他们变得越来越强，以至于最后会把竞争看成稀疏平常的事情。**

这位老板汉堡店的情况我其实不是很担心，源于两个方面：

第一，从基本面看，这家汉堡店不差，无论是产品、价格、顾客基础，还是市场口碑都不差；

第二，老板不差，虽然接手这个店才两三年，但成长很快。先是做后厨苦练产品一年，然后开始做店铺运营和管理，把店铺营业额提高了50%，慢慢摸着了一些门道。

老板的店我认为不会受到太大的冲击，20%的下滑应该是最糟糕的情况了（竞争对手开业时因为顾客尝鲜，而且有活动，冲击会最大）。事实上，会不会受到巨大冲击，我的判断依据就是这家店本身有没有做好准备。具体说就是这家店在挑战到来之前是否做好了准备。准备好了，就能泰然处之，安然无恙。反过来，如果没做好准备，顾客本来就对你厌倦了，甚至期待着你倒闭，一旦有新的选择了，就立刻跑竞争对手那里去了。

总而言之，要让自己变得不可战胜，你自己强大了，就不怕竞争了，因为竞争说到底是实力的竞争。

让自己变得不可战胜听起来很难，事实上也很难。这需要的不是打一场价格战，搞一次促销活动，做一次推广那么简单，而是要把时间和功夫都花在平时，要未雨绸缪。2020年虽然受新冠肺炎疫情影响，生意难做。不过，我的店的生意在8月份就已经恢复到往年的水平，有一家店甚至超越去年的水平。因为我在家的时候就在研究新产品，丰富弹药库；在新冠肺炎疫情还没有结束的时候就从老家回到店铺所在的城市，为微信里的顾客提供力所能及的帮助；当大家还没走出来时，我们完善流程，改善出品，加强卫生和防疫工作，让顾客更放心；在局势不明朗的情况下，我们把店重新装修了一下……付出的努力更多，恢复得比别人自然更好。

竞争就是要"做好自己"，要把落脚点放在自己实力的增长上，由此获得长久的竞争力，并不是完全不理会竞争对手和外部环境的变化。事实上，你要让自己变得更好，就要找到自己相对优势，而这个相对优势的获得，就需要分析敌我双方的优劣势。**分析形势并不是要跟随别人，别人推出了新品，你也跟上，别人做了活动，你也跟着，这是不对的。**

我们分析形势的目的，是要做不同，尤其是面对强敌的时候。强敌的实力摆在那，已经得到了顾客认可，你再匆忙跟风，胜算就小了。这也是为什么我们要做差异化。事实上，**我们也必须差异化，因为每个人的资源和禀赋不一样，每家店的能力和顾客群体也不一样，差异化几乎是必由之路。**

每次说到竞争的话题，我就不由自主地想到了《孙子兵法》的《虚实篇》："故兵无常势，水无常形，能因敌变化而取胜者，谓之神。"这里所说的"因敌变化"指的是根据整体竞争态势的变化和对顾客需求的深层次挖掘，**聚焦于某一点，把时间和精力花在上面，形成局部优势。**即使你总体实力不如人，至少在这一点上有可能胜出。从商业上讲，你就在这个细分领域站稳了脚跟。这个细分领域也许是聚集于某一群人、某个场景、某个功能、某个地域。

老板说店里的肉都是自己亲手腌制，店里的顾客都是小学生和家长，是小学生的早餐店，第一代顾客都带着孩子来吃，这些都是一些局部可以爆发的点，希望老板能找到属于自己的那个点。这一点一旦做实了，竞争对手赶不上了，顾客认可了，就可以井水不犯河水了。

失败了怎么办？失败了，说明自己没做好，是被市场淘汰了。坦然面对失败，不怪环境，不怪竞争对手，深刻反省自己的不足，只有这样，老板自己方能成长起来，下次才可能成功。

前面提到了老乡鸡面临的竞争，结果如何呢？后来跟老乡鸡店长聊了聊，让我比较惊讶的是**他们的死对头来了之后，他们生意不降反升了。**

分析这背后的原因，第一个原因归功于老乡鸡自身的努力，竞争对手来了之后及时采取了行动，做好了该做的事情，完善了自己的经营，这是营业额不降反升的原因之一。

第二个原因是老乡鸡店长说的，这一片的快餐生意整体都变好了。为什么？因为新玩家和自己家的一系列活动，把这一片的整体人气都搞起来了。店长说，附近其他快餐店的生意也都变好了。

这是我开始没想到的，**因为来了新的玩家，带来了流量的增量，从而使所有参与者都受益，这就是良性的发展和竞争。**大家没有抢彼此的蛋糕，而是一起把蛋糕做大了。

竞争案例一：对手就是要把你赶尽杀绝，怎么办

对手实力比自己强，而且主动挑起战争，要置自己于死地。怎么办？先看这位老板的困境：

老陈好，有一个特别棘手的问题想请教一下。镇上的连锁店（竞争对手）推出生日蛋糕买一送一的活动，而且是淡奶油的，口感不错，持续时间4个月，实打实买赠，没有任何套路，就是买一个8寸的送一个8寸的。

我们店本身采取的是低价策略，口感比连锁店的略差一些。但现在他们买一送一，价格就比我们要便宜得多。

我猜测他们应该想把我们挤倒闭，所以压低了利润。对手这样做，像我们这样的店该如何应对呢？

假如你是这位老板，你会怎么做呢？我觉得办法就是为了不让"战争"继续，就要以战止战，展示魄力和决心。

抗美援朝的时候，毛主席说过："时间要打多久，我讲我们不要做决定。过去是由杜鲁门，以后是由艾森豪威尔，或者是美国的将来的什么总统，由他们去决定。就是说他们要打多久就打多久，一直打到完全胜利！"这就是一种伟大的魄力。

案例中的老板作为弱势的一方，面对强敌的进攻，此时就应该要有所作为，要给对方发出信号：如果要打价格战，会奉陪到底。而且，要真的行动起来，把价格降到自己的成本线附近，同时加大宣传，让对方知道自己准备应战。这样开战真是为了和对手拼个你死我活吗？不是，开战是传递信号，是为了对方改变，是为了和谈，最终是为了停止战争。

有一个人和人合作的最优策略原则：一报还一报原则。

这个策略是这样的：

"它总是以合作开局，但从此以后就采取以其人之道还治其人之身的策略。如对方采取合作策略，就继续合作下去；如对方一旦采取背叛策略，就马上强硬采取背叛策略，绝不拖延。"

竞争案例二：面对这个竞争对手，老板很迷茫

竞争的双方很像打仗，本来是你的地盘，做得好好的，但是有人看上了，要来抢地盘。对手研究了你，有针对性地制定了策略，做足了准备，一鼓作气，攻下了山头，把你打得落花流水。这时候，你怎么办？案例中的老板现在就是处在这种困境中。

老板的店是一家开了十多年的家常菜老店，有二百多平方米，主营地道的农家菜，平常有些酒席订单，日营业额平均4000元，一直都比较稳定。

虽然旁边有好几个竞争对手，但都没他时间做得长，直到这个对手来，真正的危险到了。

这家新来的店（简称A店），是一个有十多家店的连锁品牌，菜品结构跟老板的店差不多，有三百多平方米。

这家店装修了两个多月，试营业做了一个月，开始老板以为对方为人低调，以为就这样开业了，没重视A店。对方试营业时，老板的生意也没受到什么影响。

但一个月后A店正式开业那天，在这个地段引起了轰动。门口摆满花篮，放着大功率音响，在门口两边发传单，高清的菜品图片贴在显眼位置，横幅广告写着菜品6.8折，A店老板亲自在门口迎客。这天老板的店只做了不到两千元的营业额。

分析两店的优劣势如下：

A店环境好，服务好，菜品品质稳定，定价也比老板便宜5%～10%；宣传好，线上线下同时发动，而且线上已经做到本地段排名前二。

老板的店环境一般，服务一般，回头客比较多，但新客少，没有做什么宣传，只是时间做得长，靠口碑。老板很传统，感觉外卖业务不赚钱，就把外卖撤了。

老板在成本控制方面有点走极端，像店里的台布是消耗品，他就到旧货市场买，买回来各种颜色的台布，还皱得很，很多油，回来一洗，就铺上；餐具也是，只要价格便宜，不管和其他餐具搭不搭配，就买回来。

有一条是老板最大的优势，就是会维护和老顾客的关系，还有对菜品的口味要求严。

A店开业这段时间，老板生意很差，有天只做了5单生意，有时老顾客从门口经过，叫都叫不进来，直接到A店去了。

后来老板也做了活动，菜品打7.6折，但生意还是做不起来，利润也少了很多。

老板很是迷茫，也没有好的办法，希望我和社群的老板们给一些建议。

看来，这位老板是遇到了真正的敌人了。对手把开业这段时间要做的各种细节工作都做得很到位，是个开店老手。

先来梳理A店哪些地方做得好，顺便学习好的开业活动的如下几点要求：

第一，各种宣传物料到位，海报、产品图片、地毯、发单、客人拦截、音响、横幅广告，老板亲自开门迎客。

第二，给力的活动，直接到6.8折。如果到店后还引导顾客加微信，引导顾客发朋友圈送小菜，可能的话再推出充值送的活动，就更厉害了。

第三，开业前做足了准备，试营业做了一个月。要知道，这是一个开了十多家连锁店的老板，试营业居然还花了这么长时间，说明他对于工作流程和产品品质是精益求精的。

更重要的是A店老板可能在这段时间研究对面的老板，观察对方的反应，顺便构思攻占山头的策略。

遇到这么个强敌，这家老店除了经营的时间长，有一定的知名度外，貌似没有任何优势，包括产品这个最重要的因素，都未必强于对方。

对方开业一个月，自己的山头就被攻了下来，老板试图反击，推出7.6折的活动，但是无济于事，老顾客从门口经过，老板在门口叫都叫不进来。

这个老店确实危在旦夕！因为综合实力相差悬殊，两店相争，实力强的会最终胜出。

这是客观事实，是老板应该认识到的，客观理性地分析才能做出正确的决策。老板要认识到，如果自己不做出改变，店就要倒闭了。

但现在放弃还不是时候，即使认输也要打几个回合之后才决定。打仗的过程中对自己和对方都会有更深的认识，说不定可以找到自己生存的空间。

针对这个老板的情况，我觉得以下四点是他可以行动起来的，见效也会比较快：

第一，缩小和对方的差距。短时间赶上对方很难，甚至不可能，但是补齐一些明显的劣势是容易做到的。比如店里的桌布、餐具都升级一下，门口铺上红地毯，卫生提高一个级别，门口的各种宣传做起来，等等，做起来这几个简单的事情可以提高老板和店员的士气，这种士气的变化顾客感受得到。总之，一定要让人路过时感觉这个店活过来了，重新焕发了生机和活力。

第二，推出有力度的充值送活动。为什么不是一般的打折活动，而是充值送？因为充值送可以留住客人，增加顾客黏性，老店是有这个条件做这种活动的，因为顾客的信任基础在。为什么一定要有力度，有冲击力？因为只有这样才能吸引人，才能通过极大的优惠让顾客的注意力重新往自己的店看。

在商业竞争中，价格往往是最有力的武器，也是最有效的武器。而以价格为武器，估计是老店老板最不愿意做的，因为在对方什么都强于自己，做低折扣活动的情况下，他不痛不痒地推出 7.6 折，海报还做得那么小，还只是贴在玻璃窗里面，可见老店老板十分不情愿。

这会是对老板最大的考验，考验老板有没有勇气断尾求生，在短期内不赚钱甚至亏点钱以拉回顾客。否则只能坐以待毙，等待奇迹出现。

这时候，店里的人气很重要，让一个店正常运转起来，让员工们有的忙而不是天天闲坐着很重要，这就是一个店的人气。

力度设多大呢？要根据老板的利润水平和对手的活动情况来综合考虑，总体原则就是让顾客无法拒绝。

第三，接着要推出一系列新菜品。新菜品能满足顾客喜新厌旧的心理，新菜品的开发还要参考对手的菜单，尽量做出差异化。短期靠的是做活动来吸引顾客，但是长期还是要靠菜品的差异化，靠店里有不一样的拿手菜来吸引顾客进店。

第四，鼓励顾客帮助自己宣传。这也是至关重要的。向每桌客人都推荐"发朋友圈送新菜"的活动，告诉顾客如果帮忙在朋友圈宣传的话，可以免费送一个新菜品。这一方面宣传了店面，另一方面宣传了推出的新菜品。

这几件事情都不是很难，不需要做大的调整和改动，但是需要一环扣一环做好做到位，要拿出信心，拿出行动，拿出魄力夺回一部分山头。

第 10 章

开店运营诊断：开店没有一劳永逸

这些年因为运营开店笔记社群，有幸跟一万多名开店老板交流，光社群提问平台上就有六七千个问题，每个问题背后都是一个真实的开店案例。里面的问题来自各行各业，形形色色，问题也反映了提问者的开店功力。见的问题多了，一看就知道提问老板的开店水平，常见的开店新手的问题如下：

- 我生意差，不知道怎么办？
- 我生意差，要不要继续开下去？
- 旁边来了个竞争对手，怎么办？
- 我的东西很好，但是就是没有人来，怎么办？
- 我的东西很便宜，为什么顾客还是嫌贵？
- 我的位置很好，人超级多，但是进店的人很少，怎么办？
- 我除了发单，想不到其他宣传办法了，怎么办？
- 想转行，不知道能不能赚钱？

下面这些问题来自开店开了一段时间的老板，店还维持得下去。他们对开店的认知通常是知其然而不知其所以然。

比如：

- 产品很不错，回头客很多，生意很好，但是不怎么赚钱，如何调整？
- 店里生意本来一直不错，但是随着竞争加剧，盈利越来越差了，想不到更好的解决办法。
- 店面位置很好，生意也不错，但是很没有安全感，因为一旦失去了这个位置，店铺就很难存活下去。
- 我的店开了很多年了，但一直是这个样子，虽然挣钱，但做不大，突破不了瓶颈。

遇到问题，首先分析问题，找到原因，只有把导致问题的原因找到了，问题才有可能解决，接下来讲讲如何分析问题。

10.1 从店铺功能组成要素理解一家店的运营

10.1.1 给店铺拍个 X 光

一家店由很多因素组成，就跟人由很多器官组成一样。各个因素相互影响，相互制约。如果你理解每个要素起的作用，并且理解它们之间的关系，那么当问题出现的时候，就能很容易找到问题出现的原因。

那影响一家店的因素有哪些呢？下面介绍我这几年对开店的理解。

首先，一家店是人、货、场的组合。

人：就是顾客，更深层次的含义就是包括了顾客的需求、顾客的偏好、顾客的行为习惯，等等。

货：主要是产品，包括品牌、包装、产品线、产品组合、价格，等等。

场：主要是指销售场所和相关的环境。同一个东西在不同的地方、不同的场景下卖，就会满足不同人群的不同需求。有些东西在实体店卖得不好，在网上却卖得很好；有些东西在商场里卖不动，在小区门口却很抢手，这些都是"场"的原因。

人、货、场讲究的是和谐。**一家好的店，一定是人、货、场的和谐统一。**

其次，可以从组成要素角度来理解一家店的运营，这些要素主要包括：竞争策略、目标顾客、选址、价格、产品、宣传、顾客体验、竞争、运营模式、老板本人，等等。

知道每一种要素起的作用不难，难在理解**每种要素之间的关系**，比如：

- 产品和价格就是紧密相连的，离开产品谈价格高低是无意义的，离开价格谈产品的好坏也是无意义的。
- 几乎所有的因素都要因为目标顾客的变化而变化，因为顾客就代表需求，做生意就是为了满足顾客某一种具体的需求。
- 竞争策略不是老板想怎样就怎样，还要看竞争对手怎么做，还要看自己的产品水平、优劣势、差异化程度，更重要的是要看顾客的体验和感觉。
- 很多老板并不是不知道产品的重要性，而是忽视了产品有着众多客观条件限制；不是不知道运营模式的重要性，而是无法根据目标顾客所期待的顾客体验找到最适合的运营模式。

我们运营店铺一定要把它当作一个整体来运营。

顾客说你的东西贵，你难道就要降价吗？当然不是，这有很多可能的原因，也许是位置选错了，来的都是非目标顾客；也许是竞争对手做活动了，卖得更便宜；也许是你的产品质量还不值这个价格；也许是你的产品包装和宣传不到位，使顾客不了解产品价值；也许是你的竞争策略是错的……

华与华公司提出过一个"三现主义"分析框架，即现场、现物、现实。

现场，就是一家店的环境地图。

心中要知道大画面，店处在什么商圈，什么街道，面临什么竞争情况，顾客在哪里，他们从哪里来，到哪里去。

在现场要用鹰的眼睛来看：眼观六路，耳听八方，看到整个环境。像老鹰飞在天上一样，俯视全场，看到的是整体。

现物，就是在现场的东西。

现物是要用兔子的眼睛，蹲下来看，才能看到细节。

意思就是要在店里面看到很多小的细节。我常说的，一个店门口的基础宣传：门头、海报、灯光、音响、店员的接待、问候语、产品介绍、服务过程，等等，所有这些都可以通过兔子的眼睛来观察，并找到其中可优化的细节。

现实，就是正在现场发生的事情。

观察现实的时候，我们要有树木的眼光，树木一直在那里不动，看到的是环境的变化，记录着发生的一切。

还要加上时间线。每年开新店，我都会在店外面站上十天半个月，从试营业期开始到稳定运营后，我每天都在店附近徘徊，我会知道店铺的每点变动带来的进店率变化，以及不同的活动带来的转化率的提升。

为什么要这样做呢？

因为只有这样才能感觉到顾客的变化，才能知道如何调整和改进。

例如，社群里有位老板开了个火锅店，店里主打羊蝎子，最近想推出国庆活动，很是纠结。如果用"三现主义"来安排工作，要这么做：

首先了解自己的顾客主要是从哪里来的，是从附近的小区，还是从写字楼，还是从路边；附近还有什么竞争对手，自己和对方比有什么优劣势；自己的店现在处在什么状况，活动要达到的目的是什么。**这是现场，自己心中要有一个大画面。**

然后，思考这次活动要做哪些事情来配合：单页不能少，设计出有吸引力的单页，发到潜在顾客手上；门口的各种宣传物料也要有，吸引路过的人的注意力，提高曝光率；还有让顾客发朋友圈宣传不能少，店里的宣传海报、桌子上的台签、活动内容设计就要提前准备好，并思考如何介绍活动才能提高顾客转发率。**这些细节就是现物，要把细节做好。**

最后，老板要盯好很多事情，执行好安排的事情。比如每天发了几张单子，发到哪里了；加自己微信的顾客有多少，进店的顾客有多少；引导顾客发朋友圈的情况如何，顾客发了几个，是否需要改善，等等。**边做边调整。这就是现实，要看到这次活动中发生的一切。**

10.1.2　透视顾客掏钱的决策黑箱子

这个话题容易懂，因为虽然我们是开店老板，但同时也是消费者，是别人的顾客。在学习理解的过程中，很多东西可以问问自己是怎样思考的。角色互换很重要，要善于跳出自己的角色，利用消费者购买决策的规律来制定店面的运营策略和方法。

消费者购买决策一般都会经历这样一个过程：确定问题，产生需求，寻找满足，信息收集，产生购买方案并对比，选择一种产品。

厉害的老板，对消费者的决策过程是很了解的：

第一，能够准确判断顾客处在决策的哪个阶段。

第二，能够准确判断特定阶段顾客需要解决什么问题才会进入下个阶段。

第三，知道在不同阶段提供不同的信息或采取特定的行为引导消费者产生购买行为。

如何有效影响消费者的决策过程呢？

我们研究消费者的消费决策过程，无非就是希望顾客在决策的时候多考虑自己的品牌或店面，那么简单来说就是要研究以下问题：

第一，谁来买？目标顾客群体是谁，他们是什么样的人？

第二，为何买？你能提供什么样的价值？

第三，买什么？产品如何？包装如何？

第四，何时买？消费时间是在什么时候，最好在什么时候？

第五，何地买？便利性如何？顾客的获取成本如何？其实这也涉及选址问题，外卖的迅猛发展对选址又有了新的要求。

第六，买多少？什么样的产品组合和产品搭配最合适？

第七，花多少？价格应该定在什么范围？活动力度应该多大？

再回忆一下前文介绍的消费者决策的过程，并试着反向思考一下，顾客是怎样一步步流失的：

第一，从顾客需求的产生到顾客收集信息，这个阶段顾客的流失一般是因为宣传不到位，顾客在考虑潜在对象的时候压根儿没有想到你。

例如，办公室里要点下午茶了，负责点单的人如果不知道你的店，或者对店没有深刻印象，而写字楼旁边刚刚又开了家"一点点"，那么在他脑海中浮现的选择清单里肯定有"一点点"，而没有你。

这个阶段要做三方面的工作：其一，让顾客"想起买"，解决宣传不到位的问题，比如顾客刚好在产生需求的时间收到了你的宣传单页，或是在他的朋友圈里看到了你店的软文广告，于是就想起你来了；其二，让顾客"买得到"，解决在哪里买的问题，比如你可以提供配送服务；其三，解决用户"买得起"的问题，比如适当做促销活动，激活价格敏感型顾客。

第二，从顾客信息的收集到顾客决策，这个阶段顾客的流失与否取决于你宣传的是什么样的信息。

信息涉及两方面，一是店面本身的定位，给顾客的印象是什么，二是平时的活动宣传的是什么，传递的是一种什么样的信息。在这个环节，要了解顾客的差异性，要知道自己的产品"是什么"以及目标顾客"是什么样的人"。

第三，从选择购买到购后反馈这个阶段，顾客的流失与否取决于顾客对于产品的整体体验。

如果体验低于预期，顾客就会抱怨，下次不会再来；如果体验高于预期，在满意的基础上，顾客还会再次购买，甚至推荐朋友购买。体验非常重要，这个环节要解决的是产品和服务的问题。

体验是多方面的。我不希望顾客在我店里排队，因为顾客等的时间长了，内心就会产生抱怨，平时逛街等着没问题，但如果是工作餐，因为中午时间非常有限，如果还要等半天，顾客下次就不再来了。

10.1.3 感性和理性：不买你的东西，只是因为不喜欢你

下面从一个比较新颖和实用的角度来讲解店面的经营，那就是从顾客和店家的关系角度讲解。

为什么要说"关系"？因为我们开店做的很多事情的最终目的是让店家和顾客的关系更好。强调关系是因为我们很容易走着走着，就忘了目的，把手段当目的。前面讲解的店铺功能组成要素、顾客决策黑箱子，是从商家的角度考虑问题。对顾客来说，所有问题最终都会回到一个问题上：我喜不喜欢这家店。喜欢，就会买；不喜欢，就不买。

想一想，为什么朋友推荐的东西我们更愿意相信，而陌生人推荐的东西我们却会怀疑，就是因为彼此关系的不同。而关系，是感性而非理性的东西。

所以，开店做生意，离不开经营顾客关系，也就意味着我们离不开研究顾客感性层面的东西。

我们每个人都是感性和理性的结合：

右脑的感性思维，往往会带来更多的欲望和冲动；左脑的理性思维，往往会带来更多的限制和分析。

这对我们开店有什么启发呢？

这要求我们在店面经营的过程中，既要重视实实在在的产品、价格等理

性因素，又要考虑体验、服务等方面的感性因素。

说说我这几年经营店面的感受和做法。

我第一家失败的店就是一直在做理性引导，而忽视了顾客的感性因素，压根儿没有经营过顾客关系，我当时的口号"吃地道的广东肠粉"反映的是产品导向、理性导向。我跟顾客是不认识的，我们和顾客的关系跟现在大部分店面的做法一样，就是交易关系。交易完了，关系就结束了。

后来在店铺经营中，我更加注重顾客关系的打理，而不仅仅是做产品、卖产品。我是怎么做的呢？就是通过店铺微信的经营，通过微信朋友圈展示我们的理念、价值观、开店创业的艰辛，甚至个人的喜怒哀乐，成为顾客朋友圈里的一个普通人，而不仅仅是卖东西的商家。

后面我还会详细讲解店铺微信如何运营。我们每天跟顾客的互动非常多，顾客会表扬我们，会提建议，会推荐在哪吃了好东西，会向我们请教开店经验，也会给我们"打小报告"，说哪个员工今天不在状态，或者天花板的蜘蛛网没弄干净。甚至顾客离开本地了，还会给我们写感谢信，谢谢我们的陪伴。

当你注重感性的因素，与顾客的关系便不再是简单的交易关系，而是变成了他们生活中的朋友。产品是什么？产品只是我们和顾客的链接而已。关系好了，你还担心产品卖不出去么，还担心顾客回头率的问题么？

10.2 从流量角度理解一家店的运营

10.2.1 一家店就是一个漏斗，过滤出自己的顾客

从流量的角度分析一家店的经营情况，思路会很清晰，老板很容易掌握，问题也比较容易找到。

具体的分析方法包括：分析门店的曝光率、进店率、转化率、回购率。

一家店就像一个漏斗一样，能够过滤出自己的顾客，最后能够成为忠实顾客的只是全部流量的一部分。

（1）曝光：店铺的累计曝光总人数，包括线上和线下，现场和场外，现在和之前，而不仅仅是经过门店的人流量。

（2）进店：顾客如果发现自己有需求，而你的店刚好能满足其需求，那他就会进去看看，进一步了解。

（3）转化：进一步了解后，一部分人感觉这家店还真不错，试试吧。

（4）回购：体验之后，其中一部分顾客认为"很棒"，下次还会再来。

简单说，整个过程就是：你存在，很多人未必就知道你；知道你，未必就感兴趣；感兴趣未必花钱购买；花钱购买未必再次购买。

我们要做的就是在各个环节提高"数量"和"效率"。

总体方法是：要尽可能多地产生精准曝光，要尽可能让顾客清晰地知道我们是做什么的，要尽可能地触动顾客，要尽可能提高顾客满意度。

第一，曝光：关键词是"精准"。

(1) 找到更多的曝光渠道：

门头做得更大，灯光做得更亮；

店里放音响，播放活动内容；

鼓励老顾客发朋友圈宣传，让更多人看到；

店里微信号定时发信息，发朋友圈；

定期在店铺附近发单；

定期到社交媒体平台、同城的贴吧发帖子；

……

(2) 分析哪个渠道有更多的"目标顾客"。不是每种渠道都有自己的目标顾客，渠道差异很大，要看看哪种渠道更适合自己。

第二，进店：关键词是"清晰"。

你是做什么的，要让潜在顾客一目了然。

要改变顾客原有的行进路线，进入你的店，顾客是要付出成本的，这个成本可能是时间、精力，还有机会成本，甚至还有风险。

总之，**让顾客进店，需要给顾客一个理由，这个理由就是：我的产品可能能解决你的某个问题。**

增加进店率，最容易想到的是做活动，通过利益刺激顾客，但更底层的做法是让顾客迅速地"认识你"。

以我自己的店为例，我一家试营业的店第一天什么都没做，只是打开门接待顾客，营业额只有600元，很多人路过，但是犹豫不决，最后离开；第二天，我把海报贴出来了，展示出来活动内容，顾客知道了我是卖什么的，进店可以得到什么，价格如何，因此，进店率明显增加了，营业额做到2400元，达到之前的4倍。

第三，转化：关键词是"触动"。

不同的生意触动顾客的点是不一样的，同一种生意在不同的场合，在不同的时间，其触动点也不一样。

这个触动点也许是活动，不买怕错过，迟买不如早买；也许是服务很好，不买都不好意思。如同我在4S店实习时卖出第一台车的经历：那个顾客后来告诉我们经理，他逛遍了所有4S店，只有我最重视他，最有耐心，车子虽然有瑕疵，但他还是决定要购买。

但是所有触动都离不开一点，就是店里的产品和服务能解决顾客的问题，或者是能更好地解决顾客的问题，让顾客觉得"这就是我想要的"。

顾客进店以后很多东西都会改变他的想法，从装修、陈列、店员的接待和介绍、菜单，甚至卫生情况都会影响顾客下单。

老板要分析出哪些是影响顾客下单的关键因素，优化它，加强它。

第四，回购：关键词是"满意"和"回忆"。

一个顾客能否回购，有两个基本条件：

一个是体验满意，另一个是消费过的顾客"记得住"这次美好的体验。

这也是我经常说的要做好店铺微信运营的原因，店铺微信的一个直接好处就是你可以和消费过的顾客有更多接触的可能。你每发一条朋友圈，顾客是看得到的，他们会联想到上次消费的体验，这时就会产生回购的可能性。

10.2.2　提高曝光率——刷存在感，提高关注度

有一次，我在自己的抖音号"老陈说开店"里随意上传了一条视频，居然有 300 多万次的播放量，得到了很多老板的共鸣。视频里展示了一家店如何用微小的成本大大提高了曝光率：其实就是在地上铺了一条长长的红地毯，地毯上写着几个大字："盲人按摩"。

这位老板的店在二楼，一楼只有一个楼梯入口，门头也没有，只在楼梯口上方挂了个小小的 LED 灯牌，路过的人很容易忽略。店铺的位置很好，门口的人流量非常大，如果不好好利用人流量，就真的是太可惜了。

这家店开了应该有一年多了，但存在感却非常低。直到那天路过，老远就看到地面上铺了一条地毯，足足有 5 米长，1.5 米宽，很气派。如果以前的 LED 灯牌门头 10 个人里有 1 个人看到的话，那么这个地毯式的门头 10 个人里肯定有超过 5 个人看到，大大提高了曝光率。

我新店开业时喜欢买防水防滑的地毯，很耐用，踩上半年没问题。可以找个广告店把你想说的加在地毯上，如店铺名字、活动内容、产品卖点、热销产品名字，甚至产品图片。但是上面的内容一定要少而醒目，路过的人一眼就可以看完。

之前介绍过的钱大妈的店也是用的这种地毯,如下图所示。

如果条件受限,不能用地毯,也有替代办法,如可以打门头投影灯,将店铺信息、广告投影到地面。这种灯光是动态的、彩色的,内容更换很灵活,价格也便宜。

如果门头小,还有个办法也可以增加曝光率,就是放置拦路灯箱。为什么叫拦路灯箱?主要是因为灯箱立在路面上,顾客路过时不用转头也可以看得到,就像拦着顾客看一样。这种灯箱有两种,一种是安装在门头下方的,比较小(见下页左图);另一种是放地面的上,比较大(见下页右图)。

如果人流高峰在晚上的话,记得一定要打开灯光,曝光率会增加很多。我记得我开第一家店时,拦路灯箱一摆上,营业额立刻提高了几百元钱。当然,效果好不好,还要看灯箱的内容。门头下方的小灯箱一般来说是长期不变的,可以放上品类名字、主打产品名字,或者卖点;放地面的大灯箱可以经常更换内容,可以放活动介绍、新产品图片等。

10.2.3 提高进店率——刺激顾客走进店里

店里生意不好,一般是进店率太低,那么分析进店率低的原因就至关重要了。我认为,影响进店率高低的主要有以下几个因素:

第一,店所在位置的目标顾客密度。

目标顾客密度是我选址体系里最重要的一个概念,为什么光有目标顾客还不够,还需要考虑密度呢?就因为目标顾客的多少直接决定了进店率的高低。

前文介绍过一位老板的案例,把奶茶店开在了一条人气很旺的街道,但生意奇差无比。因为路过店门口的大多是附近的老年人,有没有年轻人呢?也有,但密度太低。

如果进店率很低,首先想想是不是位置选错了,导致目标顾客太少。如果是,要么通过线上引流到店,要么就做外卖,再不行就要换产品、换项目。但无论哪种,都需要付出不小的代价。

第二,店铺是否"一目了然",顾客一看就知道店铺是做什么的,自己的问题或需求是否可以在店里得到解决。

店招的设计很重要,要让目标顾客一看到就觉得这个店里有自己需要的东西。看看下图这两个店招有什么特点。

店名后面通常要有品类名字。这些品类名字都应当是通俗易懂,且广为接受的名字。相对而言,上图"巡楚记"的店招更醒目,采用了带 LED 灯光的招牌名;而左侧"米太极"的招牌就不那么起眼。

还有日常的宣传材料也不可或缺,有没有海报,海报的颜色,海报是否有冲击力,都会影响进店率。我自己经常会做一些测试,如某天把海报撤了,其他东西都不变,发现进店率就会低一些。或者某天换另外一个更好的海报,发现进店率就增加了。

第三,是否立体式刺激顾客,比如声音、视觉等方面的刺激。我每逢新店开业或新品上市,都会把店门口的音响打开。我曾经做过测试,打开音响可以使店里每天的营业额提高 300 元左右。

除了音响,真人叫卖的吸引力更大。一次,社群里有位老板开业,在门口发单子,开始没人接,后来边喊边发,单子大家立刻抢着要。叫卖台词要提前想好,最好是有点幽默的那种。你会发现神奇的是很多人接了单之后直接往店里走。

第四,活动的文案和力度也会影响进店率。活动力度大,进店率肯定高。文案为什么也会影响进店率呢?说到江小白的文案营销,大家就容易理解了,文案是为了吸引同频的人。

好的文案是一种生产力,能够创造出一种适合店铺的消费场景,成功吸引注意力。比如这个小摊的文案(见右图),虽然是在硬纸壳上写的,字体也丑,但是成功吸引了顾客目光。

当然,影响进店率的还有很多其他因素,比如嗅觉。之前就有面包烘焙房在店门口打出来一个连接厨房的通气口,在离店门口还有10米的距离就可以闻到烤面包的香味,让很多人流口水。

平时,老板们要多留心,多观察,看看顾客对店面的反应,然后做一些测试,找到适合自己的、最能刺激顾客进店的方式。

10.2.4　提高转化率——给出明确承诺

下面是社群里一位眼镜店老板准备推出的售后承诺条款,他想问问戴眼镜的人,这样的承诺有无吸引力:

(1) 镜架半年内有质量问题可以免费更换，人为因素除外；

(2) 佩戴度数在一个月内有不适者可以免费更换同等质量的镜片；

(3) 款式不满意在一周之内可以免费更换；

(4) 凡在本店消费的眼镜均可以以旧换新，0 到 6 个月可抵 5 折；6 个月到 12 个月可抵 2.5 折；12 个月以上可抵 1 折。

我也是戴眼镜的，作为一个消费者，如果看到这样的店家，还是很愿意去尝试的。因为他的售后承诺打消了我消费之后的所有顾虑。

售后承诺目的就是打消顾客的疑虑，提高销售转化率。

我们在介绍一个产品的时候，不仅仅要从正面介绍顾客可以获得什么，还要从反面来说，万一顾客消费后不满意怎么办，有什么方法可以保证顾客的利益，这就是所谓的售后承诺。

在这方面，有些品牌会做得更加极端，比如一个蛋糕品牌，为了跟大品牌竞争，就提出了"无理由退款的承诺"，如下图所示：

> **今天心情特别不爽，我要找个什么理由呢？**
> 亲！既然找不到理由，还是来找我吧，我这退款不需要理由。
>
> **打开包装，蛋糕变形了。**
> 亲！即使我们的蛋糕仅仅破了一角，也是可以给您退款的。
>
> **送给我的女神，她不喜欢，告白失败了……**
> 亲！不管谁不喜欢，我都会为您安排退款。PS.爱要越挫越勇。
>
> **味道实在一般，感觉不会再爱了！**
> 亲！没关系，觉得不好吃我们可以退款呦。

百果园提出的"三无退货"政策，即"无小票、无实物、无理由"都可以退货，也是让人印象深刻的一个政策。可以说，光是这个政策造成的影响和它给品牌带来的正向口碑传播，就已经赚回成本了。

百果园把这个政策执行得非常彻底，我亲自去退过水果，店员很爽快地给退了。在店里的很多位置，都可以看到这个政策的海报宣传。可以看出，百果园是把这个政策当成他们战略的一部分在执行，可见其重要性。

当然，售后承诺的内容也应该是多方面的，未必局限在退换货之类的条款，更应该聚焦在自己的核心能力和能为顾客提供什么样的超值服务上。

10.2.5　回购率：有多少人记得你的好

让顾客记住一个店名是很难的事情。

消费过，掏过钱，甚至在店里消磨过许多时光，但是店名就是记不起来，这不怪顾客健忘，而是顾客实在记不了那么多事情。

但是，对商家来说，为了让生意能够持续稳定，必须让自己的店能够经常被顾客记起。

因为回购率的基础就是店铺被顾客记起的次数。有人问，那些大品牌，比如麦当劳、肯德基等世界知名品牌，人人都知道了，为什么还要一天到晚地做广告呢？这其实是在提醒顾客不要把它忘了。

一个小店，上不了电视、报纸登广告，只能花小钱办大事，利用现在的新媒体来唤醒顾客的记忆。这也是为什么我觉得小店更要有耐心和恒心去利用微信、微博、抖音、快手等平台跟顾客建立更强的联系。

当然，提高回购率，不能只让人记起，更重要的是好口碑，顾客曾有美好的回忆和体验。人们接受的信息会经过大脑的层层筛选，商家自卖自夸的说辞，很容易被顾客跳过，而朋友的推荐和夸赞是比任何广告都有价值的。而好口碑的最底层支撑就是店面提供的产品和服务。

回购率的本质就是有多少人记得你的好。这里有两层意思，第一层，有多少人记得你；第二层，有多少人觉得你好。

这有点像是朋友之间的关系，朋友就是经常惦记着，而且想着彼此的好。店铺如人，一家店应该跟顾客做朋友。

10.2.6 产品不错但回头客少怎么办

社群里一位老板问，"产品不错，但是回头客不多，是不是目标客户不准确？"

排除选址错误，回头客少更多是缘于以下几种情况：

第一，产品无竞争力。就跟父母看自己孩子怎么看都顺眼一样，老板对自己的产品也容易产生这种错觉。觉得自己的产品就是好，没有回头客也说好。

评价一个产品好不好，有一个很重要的指标，就是顾客评价，顾客评价才是客观评价。如果一家店开了一段时间，在外卖平台、大众点评网、团购网站上都会有顾客评价，这些是很好的参考信息，要重视。一个产品好，一定是经过市场验证的好，而不是老板说有多好。

产品是可以调整的，在无法确定是不是产品问题的时候，可以多推出几个不同的产品试一试，看情况有无改善。尤其是在前期规划产品的时候，手里最好有个产品武器库，一个武器不行，就上另外一个武器。

第二，除了产品，价格也会影响顾客的回购率，产品和价格两个因素往往要结合起来一起考虑。价格是产品价值的尺子，但是对于产品价值，老板的认知和顾客的认知是有偏差的。一个东西值多少钱，顾客看了你的店名、店面形象、环境、服务，再结合平时的消费经历，就会有个大概的判断。消费完或体验完之后，顾客又会重新评估之前的判断是否正确。所以，老板要更多地站在顾客角度考虑定价问题。

价格的问题一般不难发现。一方面，顾客会表现出来，不过顾客说的也要选择性地听。另一方面，要跟竞争对手做对比，从顾客获得的价值和顾客付出的成本两个角度来评价。最后，也可以做做试验，适当调整价格以试探顾客的反应，也可以通过做活动看看价格对于销售的影响。

第三，如果你确信自己的产品和价格都没问题，那就要看看店里的服务和体验是否到位，尤其是那种顾客比较关注服务、环境、体验的店铺类型。

实体店有个很大的优势就是有机会跟顾客进行深度互动，要珍惜和顾客交流的机会，因为这也是创造价值的一个环节。我有次去一家新开的日本料理店，因为是扫码点单，点进去好一会都不知道点什么，体验很差。那时，我就希望老板能亲自过来自信满满地告诉我他们店有什么特色，什么最好吃，咨询我有什么忌口，偏好什么口味等问题。

第四，还有个要考虑的因素就是竞争环境。也许你的产品不错，但是不远处的竞争对手做得更好，那顾客会优先选择别人。

这种情况经常发生在产品同质化比较严重的生意里，如果你的产品没有特色，没有自己的核心竞争力，产品平庸，而且你的店在其他方面也无特色，就很容易流失顾客。

所以，开一家店的第一要求是要先有自己的特色，即使没有大的差异化，也要有小的差异化。然后，自己的竞争力不能仅仅依靠产品或是宣传，因为店和店的竞争，拼的是综合实力和系统竞争的能力。

如果只靠产品，那厨师或工程师开店就容易了；如果只靠价格，街边的一元店应该是全世界销量第一；如果只靠推广宣传，那网红店为什么容易昙花一现？

开店竞争和人跟人的竞争一样。一个人要成功，需要有一种能力特别强，但是其他能力也不能弱，起码不能拖后腿。

下面介绍我有一次在西贝吃饭的经历，看看这些大品牌是怎么吸引和留住顾客的。

这家店开在商场里面。我们本来不是去这家吃饭的，但是孩子看到西贝门头的气球就非要过去，我们就跟着走过去了。一到那里，发现一堆小朋友

在门口玩积木,我的孩子也要进去玩。这时候门口的如下图所示的大幅海报吸引了我:

正是饥肠辘辘时,看到这种图片一定是欲罢不能的,看了一下海报上的文案"……牛大骨,汤鲜肉嫩,香气撩人"。最要命的是,一大盆一大盆冒着热气的煮好的牛大骨就展示在玻璃窗后面,路过的人都可以看到。

这些引流措施起作用了,于是我决定就在西贝吃饭了。

我感觉西贝的服务水平快赶上海底捞了,而且有着自己的风格。服务员嗓门很大,热情似火,喊顾客都是喊大哥,走路带着风。店员对孩子真是无微不至地关怀,一会逗着玩,一会给玩具,一会给气球,还不厌其烦地把气球拧成棒棒糖的样子。

在点菜方面,服务员也很专业,给我们建议配菜,因为有老人,服务员又推荐适合老人的菜品;在推荐会员的时候技巧娴熟,弄得我这种很少办卡的人都办了一张会员卡。

饭快吃完的时候,店员拿着两张纸来介绍他们的会员制,一张纸是打印好的会员权益,简单明了,不是密密麻麻的一堆文字;在另一张纸上有他用笔写的一串数字,大概内容是:我今天消费了多少钱,省了多少钱,以及充值到多少钱,可以获得的相应优惠和权益。

充值成为会员,当餐就有三分之一价格的减免,不仅提供了短期利益,还提高了回购率；亲子活动安排得很巧妙，活动都是在周末的上午举行，举行完了刚好到了中午吃饭时间，理所当然就要留下来吃饭。这就是对大家都有好处的活动，对于顾客来说，享受了亲子时光，对于店家来说，提高了顾客消费频次。这一系列操作，使西贝的顾客回购率远高于其竞争对手。

10.3 从盈利角度理解一家店的运营

10.3.1 从"保本营业额"看店铺成本结构的合理性

跟成本相关的概念有很多，我化繁为简，介绍其中几个最主要的概念，供开店的老板理解使用。

（1）固定成本：指不随着营业额变化而变化的支出，生意好坏都要付那么多。比如店铺的租金、全职员工的工资等。生意越好，单位产品分担的固定成本就越少。

（2）变动成本：指随着营业额变化而变化的成本，生意越好，变动成本就越多。比如原材料成本、水电费、宣传费用等。

（3）盈亏平衡点（保本营业额）：指零利润点的营业额，处于总收入等于总支出的状态。

（4）毛利率：毛利率=［1-（进货成本/售价）］×100%，比如一件衣服的进货成本是400元，售价是1000元，那么毛利率就是60%。

（5）净利润：毛利润减去其他支出就是净利润。净利润率=净利润/营业额×100%。一个店的其他支出，主要包括房租、人工工资、水电费、宣传费用、活动费用，等等。比如，一个月净赚10万元，营业额一共50万元，那么净利润率就是20%。

近几年，实体店的生意越来越难，就是因为在激烈市场竞争和原材料上涨的双重压力下，商家为了活命，拼命压低毛利润，但是，固定成本比如铺面租金、人员工资等却一直在上涨，让商家的净利润不断地被压缩再压缩，最终让很多实体店崩溃。

如何计算盈亏平衡点，我的一般做法是：

第一步：算出固定成本。就是不管开门与否，每天一睁眼就必须交出去的钱。

第二步：估算出产品毛利率。

第三步：用固定成本除以毛利率，即可得出盈亏平衡点。

比如固定成本是一个月 50000 元，其中房租和人员工资占了大部分。毛利率估计在 70%。那么每个月至少要达到多少营业额才能保本？套用公式即 50000 元/70% = 71429 元。

在选择店面的时候必须仔细算一算保本的营业额。再掂量掂量自己能不能达到这个营业额。一定要记住，这只是保本的营业额。

那么，保本离赚钱还有多远？我的经验是：还挺远的。容不容易赚钱，不仅仅要看毛利率高不高，还要看固定成本高不高。上面的公式说明了要让保本营业额越低，固定成本就应该越低，而毛利率就应该越大。但是毛利率通常难以改变，因为当你的产品处在一个竞争格局下，卖多少钱通常不是老板自己说了算，而是市场说了算。那么，能改变的也许就是在找店面的时候，从源头上就考虑固定成本的占比。

大部分人在确定一个店面之前，思考的更多的是商业层面的东西，比如商圈流量如何，顾客有多少，卖什么东西合适，等等，缺少坐下来算一算账的习惯，让自己一不小心上了船。一旦上了船，固定成本就基本确定了。一个确定的位置，确定的项目，毛利率也基本确定了。

这些都确定了之后，其实一家店的命运就已经基本确定了。

10.3.2 降成本就是赚钱

加深对成本概念的理解，目的有两个：一是选择店面位置时算账用，二是降成本用。

我每年设定下一年运营总目标的时候，其中总会有个目标就是降成本，提高毛利率，最终提高净利润。

降成本一般有三个办法：

第一，通过调整产品结构来降成本。简单说就是多卖高毛利的产品，少卖低毛利的产品。每种生意都有淡旺季，有些老板就很怕淡季，我开始也怕，但现在不怕了。因为尽管淡季营业额会降低，但是淡季产品毛利率要高些，因此，净利润并不会下降很多。

第二，对低毛利销量大的产品采取一些降成本的措施。

第三，对个别品类产品提高价格。如果处理得当，提价对利润的改善作用是很大的。

影响最终利润的就以下几个要素：

- 营业额的多少：最直接的影响因素之一。营业额高未必利润就多，但是营业额低一定会亏本；
- 产品品种变化：关系到毛利率水平的高低；
- 劳动或材料利用方面的变化：关系到成本的升降；
- 固定成本变化：决定了保本营业额的大小；
- 价格变化：最直接的影响因素之一。

下面几个办法也许可以给你更清晰的降成本思路：

第一，技术降成本。就是通过改变工艺或配方来降成本。

第二，采购降成本。就是不停地让供应商降低成本，不断地选择新的成本更低的供应商。

第三，管理降成本。调整工序流程降成本，提高每个人的劳动效率。比如以前店里需要10个人才忙得过来，现在经过梳理和调整，只要7个人就可以完成任务，那么3个人员的工资就瞬间变成利润。

关于降成本，广东吉野家董事长陈区玮总结了一套心法，分享如下：

我有一个心法，叫'钱都是从鸡毛蒜皮里抠出来的'。

虽然听起来有点粗俗，但是这其实是在强调'降低隐性成本'。

那餐厅的隐性成本都藏在哪里？我给你分享一个我的例子。开餐厅的人都应该知道一个名词叫'低值易耗品'，像餐厅里的吸管、纸杯、托盘纸、餐具、洗涤用品都属于"低值易耗品"。这个名词其实非常误导人。看起来"低值"不花什么钱，可是这是一项支出不小的隐性成本。

去年，吉野家来了一个新的总经理。他跟我说：陈总，餐厅的托盘纸一个月要不少费用，咱们能不能把这个托盘纸取消？我当时觉得，这一张纸最多一毛钱，成本又低还能起到宣传的效果，这个钱没必要省。再说，麦当劳、肯德基不一直在用吗？

他说：现在大家吃饭，眼神基本不会离开手机屏幕，哪里会去关注托盘纸。最重要的是，他给我算了一笔账，如果我们的餐厅取消托盘纸，一个月可以节省4万多元钱，一年下来就是整整50万元。听到这个数据，我立马就下了决心取消托盘纸。

不仅如此，吉野家所有的筷子和调羹都是在清洁消毒以后，封装在一个透明塑料袋里，这位总经理建议在出餐台增加一台消毒筷子机，让顾客自取筷子，既保证了卫生，还绿色环保。而且一年下来人工和材料又能省下30多万元。你看，那些不怎么起眼的地方，实际上藏着非常大的优化空间。

在营业额不变的情况下，省下来的成本就是利润。当然，降成本不能以牺牲产品品质和降低效率为代价，否则成本降下来了，顾客体验也下来了，那就得不偿失了。

10.3.3 两个大品牌的成本结构解读

下面，我从一个小店老板的角度来解读呷哺呷哺和海底捞这两个上市公司的成本结构,一方面学习餐饮行业的主要成本有哪些,占比大概多少;另一方面看看自己和大品牌的差距。

一、呷哺呷哺的成本结构

呷哺呷哺是一家运营多年的餐饮上市公司,其成本结构比较稳定。

(单位:亿元)

成本结构	2011	2012	2013	2014	2015	2016	2017	2018
原材料及耗材	4.6	6.7	8.2	8.7	9.5	9.8	13.7	17.8
原材料及耗材/收入	45.60%	44.60%	43.30%	39.60%	35.50%	37.30%	37.70%	37.58%
员工成本	1.8	3.1	4	5.2	5.4	6.5	8.3	11.7
员工成本/收入	18.30%	20.80%	21.10%	23.80%	22.40%	23.60%	22.70%	24.70%
物业租金及相关开支	1.3	1.9	2.3	2.8	3.3	3.6	4.4	5.8
物业租金及相关开支/收入	12.90%	12.60%	12.30%	12.90%	13.50%	12.90%	12.00%	12.20%
公用事业费	0.4	0.6	0.8	0.9	1	1.1	1.3	1.7
公用事业费/收入	4.30%	4.20%	4.10%	4.20%	4.20%	4.00%	3.60%	3.60%
折旧及摊销	0.5	0.7	0.9	0.9	1.2	1.1	1.5	2.2
折旧及摊销/收入	4.50%	4.40%	4.60%	4.20%	4.90%	4.10%	4.10%	4.70%
其他开支	0.5	0.7	0.9	1.7	1.4	1.5	2.4	2.9
其他开支/收入	5.20%	4.80%	4.90%	7.50%	5.70%	5.30%	6.50%	6.10%

第一,原材料及耗材占比数据几乎逐年下降,从2011年的45.60%降低到2018年的37.580%,降低了差不多8个百分点。45%的原材料成本是很高的,可能很忙,但是赚不到什么钱。这跟呷哺呷哺的策略相关,其早期策略主打性价比和单人火锅,且处于打开市场的时期,让利多,毛利率自然就低。

呷哺呷哺原材料成本占比能够降下来,我觉得有两种可能:第一种可能是随着其品牌影响力的扩大,有了品牌溢价。所谓品牌溢价,就是东西即使涨价,生意也不会受到太大影响,因为你已经拥有了固定客户群。第二种可能是随着呷哺呷哺的规模扩张,其对上游原材料更有掌控力了,自己入股原材料公司或者干脆自己做原材料生意,把原材料成本降了下来。

37%的原材料成本占比是现在很多餐厅的普遍情况。餐饮业的毛利率一般都在60%~70%。呷哺呷哺花了七八年时间才降到行业平均水平,可见大品牌也不容易。

第二,员工成本占比数据几乎逐年上升。我自己的店,员工成本占比大概在15%~20%。小店老板如果自己参与具体的运营,那员工成本占比可以降低些。

呷哺呷哺员工成本占比数据偏高的一个原因是公司大了,要养一堆管理和运营人员,比如市场员工成本占比开拓部门、营销部门、财务部门等。

海底捞的员工成本占比数据更高,达到将近30%,这跟他们的运营策略相关:首先,服务好是他们的策略,但服务是需要人来做的;其次,他们的员工福利待遇好也是业界出了名的,这些都需要钱。

我建议小店的员工成本占比要控制在20%以内,高了就要想想是否有闲人,是否需要改善流程,调整分工,降低成本。

第三,租金占比2018年是12.2%,这个数据很稳定,从2011年以来一直维持在12%左右的水平。可见,他们在选址和营业额预测上都有一套自己的系统。呷哺呷哺的租金占比数据是偏高的,海底捞的这个数据是4%,相差很大。据我所知,麦当劳、肯德基的相关数据是在7%以内。

这可能与他们的选址策略不同有关:呷哺呷哺是快餐性质,选址要选择人流很聚集的地方,那房租成本就高;而海底捞选择的大多是商场餐饮层中位置不那么好的地方,因为海底捞社交性强,很多人会特意去,房租成本就降下来了。

我的店的租金占比在4%~7%。能做到这一点,跟我的选址理念相关:

不刻意挑选人流量大的黄金位置,但目标顾客要充足,能打通线上和线下,使营业额最大化。这也跟我第一次开店对租金成本没控制好的经历相关,当时那家店的租金占比达到了22%以上,是妥妥的不懂行造成的。

二、海底捞的成本结构

下面这张图体现了海底捞2018年的成本结构,下面说说我对这张图的解读:

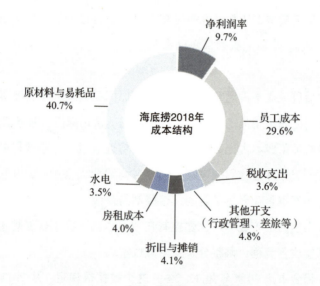

来源:海底捞2018年财报

第一,最让我惊讶的是房租成本只占4%,占比如此之低,出乎我的意料。最有可能的原因是招商方为了引进海底捞,给予了很大力度的优惠。大品牌通常有这种待遇。

第二,另一个让我惊讶的数据是净利润率不到10%。大家都知道海底捞生意是非常好的,饭点去一般都要排队一两个小时。我看过他们的数据,无论是一线城市还是三线城市,每天的翻台率可以做到3次以上,好点的店可以翻台5次。但是就是这么牛的一个企业,净利润率不到10%。而我自己现在最差的店都可以做到20%以上的净利润率。

深入分析后得出以下两个原因：

一是海底捞的人工成本偏高，占比达到了近30%，相比之下店的人工成本低得多。

二是税收支出和其他开支相加占了8.4%，占比也很高。这两项支出小店基本上也没有。

第三，海底捞的原材料成本占比40%左右，属于行业的平均水平。海底捞服务那么好，生意那么好，按理说提高毛利是可行的，他们为什么不那么做呢？我觉得这和他们的定位有关，海底捞的定位仍是大众能消费得起的火锅店。

第四，这个成本结构反映出来海底捞的运营策略。我们都知道，海底捞最出名的是服务，服务由谁来提供？当然由一个个员工来提供。我去过很多次海底捞，他们员工的状态确实很好，服务很积极很用心，这么大规模的一个公司，基层员工能有这种状态是很了不起的。

海底捞的服务凭什么可以做到如此优秀？关于海底捞管理的文章或书籍读者都可以看看，但是从上面的图里我看到的是老板肯给钱，肯花钱在员工身上。

社群里有很多老板苦于留不住员工，我的经验就两点：给够钱，对他们好。精神上和物质上的待遇都不比别人差，员工一般就不会跑了。所以，如果你留不住员工，第一个应该反省的就是你的钱有没有给够，给够了，员工就少了一个离开的理由。

10.3.4 用顶层设计的思维看待成本控制问题

可能很多人有所不知，一辆汽车的质量问题相当程度上是由于设计不合理，而不是零部件质量差。这种问题不同于其他类型的问题，非常难以解决。如果是零部件问题，再换一个新的零部件就解决了；如果是生产过程中出现的操作问题，可以调整工艺。但如果是设计造成的问题，是调整不好的，很多时候汽车召回都是由于设计问题。

一家店的成本居高不下，很可能是在开店前就决定了的，店铺的运营成本在店开起来后就很难降下来了。所以，用顶层设计的思维来思考成本的控制问题是非常有必要的。

对于开店的老板来说，成本控制的最高境界是在店还没有开起来的时候就考虑成本问题，从整体规划的角度寻找成本的控制之道。解决问题的最好方式就是让问题不发生。

要思考以下三个问题：

第一，店铺的定位。价格是定位的关键要素之一，而价格又是影响毛利的重要因素。所以从顶层设计思考成本，首先应该想到定价的高低问题。有位朋友告诉我他把原先的店转掉了，正在寻找新的店面，但是发现附近同行的定价都很低，自己不知道怎么办。我告诉他，不要再卖 10 元一碗的面了，如果还是不能突破这个瓶颈，那到最后的结局肯定还是不赚钱。卖 20 元可不可以呢？完全可以啊，口味做好点，店面装修好点，碗筷精致一点，服务好点，附加值就上去了。

第二，精挑细选项目和产品。不同的产品，其原材料的利用率是有很大差别的，而原材料的利用率直接决定了毛利的高低。

第三，开店顶层设计的 8 件事要理顺。店开在哪里，房租应该在什么范围，顾客是谁，消费能力如何，生产和营业人员的安排，这些要素的搭配组合关系到一家店运营效率的高低。

平时店铺经营过程中如果对成本问题很头疼，那一定是开店之前没有太操心成本问题。

可以这么说，我从第一家失败的店学到的第一门课就是成本控制。当时没有经验，开店之前没有对运营成本进行综合设计和考量，以至于后期运营成本居高不下。生意倒是不错，收银排队，座位爆满，外卖三个全职的人也送不过来，但就是不赚什么钱。

当时每天都在想，做生意不应该是这样子的。如果我再开一家店应该怎么样？我总结了一点：**盈利能力必须要高**。

一家店的"盈利能力"非常重要。**一家店的面积可以大点，可以小点，营业额可以高点，可以低点，但是盈利能力一定要强。盈利能力强，生命力才顽强，才能经得起风浪**。要知道，开店的风浪随时都有。

第一家店转让之后，我停了近一年，除了研究产品，也在想如何提高下一家店的盈利能力。我设定的标准是：

（1）产品要少，毛利要高。

（2）产品能标准化，能批量生产。

（3）产品最好事先做好，并且能存放。

（4）店面要小，营业额/租金应该在8~10倍以上。

（5）以外带为主，所以产品需要方便打包和携带。

（6）产品搭配必须能有协调效应，而且简单易操作。

这六点看上去是产品和模式问题，其实背后的思考逻辑是成本控制。

第一，产品少不仅管理成本低，而且会让采购成本降低。

第二，产品标准化、能批量生产是为了节省生产中心的人员成本。

第三，事先做好是为了保证出单效率，提高店面单位人员的接待效率；能存放是为了保证浪费最少，第一天卖不完第二天还可以卖。

第四，店面小，租金相应会低，不做堂食，可以减少用工人员。

第五，产品搭配协同能保证店员最快的出单效率。

当然，降成本是一个没有最好只有更好的过程，我到现在也还在降成本。但是如果在开店前没有做好成本顶层设计，到后期降成本很可能就不再是为了赚钱，而是为了活命。

10.3.5 提高店铺运营效率，就等于提高利润

运营效率很大程度上决定了一家店的成本高低，但这个因素很容易被忽视。为什么有些店注定要倒闭？就因为运营效率太低了。

那影响一家店运营效率的因素有哪些呢？这是一个系统的问题，我们先看其中的一个因素：产品策略或产品组合。

还是以我第一家店为例，本来是要开一家肠粉店，后来肠粉没做好，就增加了炒菜、点心、粥、汤等品类，最终肠粉店做成了茶餐厅，产品增加，各种机器设备、餐具、一次性耗材都要增加，厨房的生产人员也要相应增加。当时餐厅满负荷运作，每个月厨房人工成本将近3万元，而后来开的同等规模的面馆，厨房的人工成本只要1.5万元。面条是提前做好的，厨房里一个煮面的师傅，一个做浇头的师傅，一个出品的师傅就基本搞定了。光是人工成本每个月就节省了1.5万元，省下来的钱就是利润。

很多小店都是因为品类过多，造成产品结构严重失调，人工成本剧增，导致运营效率很低，瞎忙活却不赚钱。而且，产品品类增加带来的浪费也会急剧增加，这些隐性成本都会影响到最终的利润。

提高运营效率最有效的方法就是做减法，而且产品方面要尽量选能够批量化和标准化生产的东西，这样才能从根本上提高运营效率。

通过做减法活下来的案例有很多，那些身处危机的大公司，调整的第一步往往就是砍掉多余的业务，只留下最核心的业务。比如当年福特汽车为了活下来，把旗下的大部分产品都卖掉了，将捷豹路虎卖给了印度的塔塔，将沃尔沃卖给了吉利，"减肥"后的福特一下子又恢复了活力。

第 11 章

店铺微信运营：
一个综合的店铺运营平台

店铺的线上运营用微信个人号还是用公众号？小店起步阶段，我强烈建议使用微信个人号。

有如下几点原因：

第一，公众号现在太多，一个小店的公众号很容易被各种大号掩盖。一个小店的公众号基本没人看。

第二，个人微信号的运营更加人性化，自己在朋友圈发的信息会出现在顾客的朋友圈中，被顾客看到的可能性非常高。

第三，虽然个人微信号的粉丝有数量限定，但是如果你真有5000个铁杆粉丝，那你小店的生意是完全不用愁的。如果你嫌5000个不够，还可以再申请一个微信号。

第四，个人微信号操作方便，一个手机就可以随时随地发图片、发文字。公众号还要用电脑，发文流程也比较麻烦。

所以，本章主要谈谈店铺的微信运营。微信号应该成为一家店的信息枢纽、宣传平台、顾客关系维护平台、个人形象打造平台。

11.1 店铺加顾客微信是为了品牌人格化

我先回答一个很多人问的问题：加了粉丝之后要不要拉到一个群里？

那要先问自己，拉进一个群做什么呢？天天给顾客发广告么？显然不行，没人愿意天天看广告。没有明确目的就不要建群，要不然很容易变成广告群、拉票群。其根本原因是群成员在某些方面没有共识，没有共同经历，就很难有深入的交流。

不要把微信运营等同于建一个群，微信运营有更加重要的价值。

消费完成后加微信和不加微信是有很大区别的。不加微信，顶多就是店里的客人；加了微信，就是店里的用户了。

是客人还是用户取决于老板对于顾客的理解。对客人，老板希望从他身上赚钱，是基于交易的关系；而对用户，老板是希望他满意，满意了才能赚钱。

加了微信，是为了更好地跟市场沟通，理解市场。市场是谁？是由一个个顾客组成的。我每个店的顾客粉丝都差不多有两千人，每天都会收到各种各样的信息：有建议，有询问，有求合作，有抱怨，有评价反馈，有批评，也有表露心声，等等。甚至很多新品都是顾客先提出需求，我们再研发的，那么这种产品一出来就非常受欢迎。

没有微信，就很难了解顾客需求，不了解顾客需求，开店怎么能成功？

微信的另一个作用是店铺的低成本展示平台，是现阶段对顾客施加影响的最好场所。微信朋友圈大家每天都会刷，是个宝地，主要有三种作用。

第一，发硬广告，对顾客进行赤裸裸的推销。我们常见的微商最喜欢发硬广告。但这种方式要少用，大部分人都不想收到广告，广告发多了会被拉黑或者屏蔽。

硬广告偶尔发发朋友圈就好了，比如有新品上市，有大力度的活动，或者店里有大的事件公布。

第二，发软广告。在朋友圈中立客观地展示一些店铺或产品信息，这些信息也许不会直接促进销售，但是会对销售有积极的影响。发软广告的目的并不是直接促使顾客下单，而只是为了唤起顾客记忆。

第三，老板的形象打造，就是把店面人格化，让老板成为小店的代言人。做生意，我觉得一定要理解一点，很多东西都不重要，人最重要。店的那一端是顾客，顾客体验最重要；店的这一端是老板，老板的形象很重要。

让顾客认可小店的可以是产品，可以是价格，可以是便利性，也可以是促销活动提供的优惠。还有一种越来越被年轻消费群体所接受的办法，就是让老板成为店面和产品的代言人，消费者如果接受了老板这个人，他所做的产品更容易被接受。为什么大 V 直播带货一场下来营业额就可能上亿元，因为大家认可这个人。

老板怎么成为自己店的代言人呢？可以打造一个人设，比如每日精进的创业小白，比如奋斗青年，比如带娃创业的女汉子等。形象要有正能量，积极向上。老板也可以分享自己做生意的感悟，处理事情的态度，对于时事的理解，甚至生儿育女的一些观点和做法。这些内容都会让顾客把老板当作身边的一个朋友。

小店没钱没预算，做不起网站，也搞不起 App，现阶段大家都在用而且效果最好的平台就是微信，大家一定要好好利用。如果你现在对微信运营一点都不懂，也没关系，有以下四个步骤助你提高：想做，行动，坚持，升级。

第一，想做。老板要意识到品牌人格化的重要性，要意识到人很重要。一个有温度的人远比装修和营销套路更重要。

第二，行动。通过各种渠道和方法让顾客加上店里的微信。

第三，坚持。让微信运营成为日常工作的一部分，持续输出一家店的理念、价值、产品、决策、变化、困难和老板的酸甜苦辣，给顾客展示一个立体的店面形象。

第四，升级。做得好的，可以成立顾客社群，和顾客进行更有深度的互动和沟通。

11.2 店铺老板要和顾客打成一片

微信运营的主要目的不是发广告，也不是接订单，而是通过微信向外界传递你和店铺的价值，最终让小店"品牌人格化"，进而让小店成为顾客身边的朋友。

怎么做呢？有两点建议。

第一，保持和顾客的密切交流和沟通。想获得更加有价值的信息，一定是通过和顾客的互动交流。通过与顾客的交流你能知道顾客群体的特征、需求、喜好，也能获得他们的建议和批评。

第二，要用心打理微信朋友圈，树立独特的个人形象。把经营朋友圈当成店面管理的日常工作，不是你想发才发，应该有计划、有目的、有系统、有内容地发，因为现在朋友圈的打开率很高，这是一个很有价值的平台。

经常有顾客在微信里咨询我创业的事情，这说明顾客加上店铺微信后，一直在关注这个号，同时还把这个号当作身边的一个朋友了。顾客只有信赖你了，才会跟你聊比较私人的话题。此时，顾客感觉到的不再是一家店和一堆冷冰的产品，而是有温度、有血有肉、有脾气的人。

既然微信朋友圈这么重要，到底应该怎么做来让一家店的品牌人格化呢？我认为，无论是什么行业，无论顾客是男是女，是年轻人还是老人，运营微信有以下几点是相通的：

其一，输出一个店的经营理念。服务谁，怎么服务，为什么比别人做得更好，这些都可以反复通过不同的案例来告诉顾客。这里有一个秘密，就是要展示一些细微的差别或是有创意的细节，会让顾客更容易记住你。

其二，从各个角度展示你对产品的精益求精。产品是个永恒的话题，顾客希望看到自己掏钱买的东西是怎么来的，为什么值得花这个钱。

其三，展示开店创业过程中遇到的困难，以及自己怎么解决的。创业者往往是别人关注的对象，因为大部分人想创业又不敢，他们希望看到充满正能量的老板是怎么坚持信念，怎么创造属于自己的生活的。

其四，展示个人日常生活的所思所想，所感所悟，也可以是生活化的内容。因为这样可以展示出一个个性化的老板，有利于顾客立体化地认识你并建立信任。

运营店面微信的目的是要把一个小店"品牌人格化"，就是让顾客感觉到的不是一个冰冷的店，而是一个有温度的老板。这个老板要有个性，有自己的想法，有自己做生意的服务理念，是个有意思的人。

微信运营没必要也不应该追求千篇一律，而应该是带着明显的个人特征。我看过很多店老板的朋友圈，生意做得好的，无一例外都是带着老板的鲜明个性，正是这种个性化鲜明的朋友圈才不会被顾客拉黑。千万不要千篇一律地回复，不要格式化地运作。

另外，我们要品牌人格化，首先老板的人格要独立。只有人格独立，有自己的想法和见解，有自己的坚持和取舍，才会让顾客记得你，接受你，进而接受你的产品和服务。

11.3 店铺微信运营的"三不"原则

前面说的是微信运营"要做什么"，这节讲解微信运营"不要做什么"。可以简单归结为"三不原则"：

第一，不建顾客微信群。顾客在一家店消费过，不意味着所有消费过的顾客就有条件组成一个初级的社群。

当然，建临时微信群是可行的，但必须带有特定的目的，有一定时间期限，任务完成就解散。比如新品体验群，在新品上市一段时间后就解散。

第二，不群发消息。群发的消息不仅指广告，还包括鸡汤文、问候语等。一定要克制使用群发功能，主要原因是顾客收到这种信息后会觉得被打扰。微信是一个比较私人的场所，人们对陌生关系发来的消息还是带着天然的排斥心理，尤其是有广告性质的信息。

第三，朋友圈信息不刷屏。因为大部分人都不喜欢被别人刷屏，刷多了就会被别人屏蔽。

多少条算不刷屏？我觉得一天不超过 5 条都可以接受。如果你特别有才，发的东西赏心悦目，适当多发点也没关系。

建立店面微信的主要目的是让顾客和店家有更加紧密的关系，不仅仅是交易关系，最好还能建立更深层次的个人关系。

11.4　如何让顾客主动加微信

下面先看一个案例：

我开了一家盲人按摩店，最近想要拓客，于是我加入了周围的超市群和小区群，现在想通过添加群内好友的方式来进行顾客的进店引流。我目前想到的是添加微信首单优惠 20 元，不知道这种方案的可行性如何，希望老师和各位老板给出建议。

同时想请教微信的好友验证文案该怎么写通过率才高，如果各位老板和老师有更好的适合我们这个行业的拓客方式，也请多多指点，谢谢各位。

我估计不少老板想过用这样的方式加顾客微信,但其实这种方式的效果很差,我回复这位老板:"这种加微信的方式通过率不高,转化率也不高,甚至让人反感。"

首先,不要去主动加顾客,你可以跟群主沟通好,甚至付费让你打一次广告。即使打广告,也应该是软广告,间接告诉别人你的店在哪里,服务项目是什么,有什么特长,同时向他们提供优惠,让感兴趣的人主动加你。

做微信宣传一定不能急,急着加上几千个人,但得到的都是僵尸粉。记住这个要点:**微信号要顾客主动加进来,而不是自己去加顾客。顾客愿意主动加微信,说明对产品或服务感兴趣,这种顾客的转化率才高,以后你也就不用"对牛弹琴"了。**

我认为,开实体店的老板没必要去各种群做引流,先把线下进店消费的顾客都变成微信好友是第一步要做的事情。

怎么做呢?

第一,在店里很多地方可以放上微信号和二维码,比如单页、海报、台签、包装盒、包装袋等。当然,要说明具体的利益,加了微信可以得到什么,比如可以立减5元,或者可以打9折,或者送个小礼物,等等。

第二,设计特定的活动。比如朋友圈转发活动,做一次活动可以加上相当数量的粉丝。我做过几次,每次活动可以加上三四百人。效果如何要看活动的力度,力度越大,越有吸引力,加的粉丝也就越多。

第三,让老顾客通过微信介绍新顾客,可以给愿意帮忙宣传的老顾客送礼物或给优惠。

下面是我店里长期放着的一个微信二维码海报,供各位参考:

这个文案能给顾客三个感觉：

第一，这个老板有意思，貌似跟其他老板不一样。店面微信的最终目的是把店面人格化，就是让顾客感觉自己不是在跟一个店打交道，而是在跟一个人打交道。

第二，让顾客放下警惕心理，文案承诺不刷屏发广告，不无病呻吟，不会天天"熬鸡汤"。很多顾客不愿意加微信也是怕遭遇刷屏广告。

第三，强调加上这个微信的意义，就是后期有各种活动是专门针对微信好友的。

光有文案还远远不够，还需要店员进行主动提醒和推荐，事先想好台词，转化率才会更高。

让顾客加微信要选准时机：开业、新品上市、搞活动都是好的时机，顾客的转化率在这个时期会高很多。这时候设计的任何活动最好都跟加微信挂钩，这可以作为店里的一项长期政策来执行。坚持一年半载，一家店加上两三千个微信好友是很正常的事情。如果有两三千个微信好友，只要好好经营，产品不差，这家店的生意就不会差到哪去。

还有个捷径大家也可以尝试。就是用"微信收款助手"里的"朋友会员"功能，这个功能会让顾客加微信更加顺其自然。可以在里面设置活动，比如会员折扣和满送活动，顾客为了参与活动，就必须先成为微信好友。

各位读者可以打开你的微信：

第一步：关注"微信收款助手"公众号。

第二步：点击"我的账本"。

第三步：进入账本后，往下拉屏幕可以看到四个功能：收款有礼、朋友会员、门店日记、下单助手。

第四步：点击朋友会员。

第五步：点击设置会员优惠，可以看到两个选项：会员折扣和会员满额送。

第六步：生成一个带二维码的海报，顾客只要扫了这个二维码就成了你的微信好友会员，就可以参加活动了。

第 12 章

小店的宣传和活动

12.1 店面宣传推广的一些底层法则

营销界有一个理论叫"七次法则",是指**顾客接受一个新事物、新品牌、新产品,并对其留下深刻的印象,至少需要 7 次接触**。这个接触可以是各种层次的,也可以是单一的,比如看到广告,听到别人聊起,有人推销介绍,等等。如果次数不够,就形成不了深刻的印象。

这很好理解,对一个事物接触多了,才会熟悉,才会产生信任。有了信任,购买行为才会发生。

前面讲开业的章节说到过我的开业理念:要把开业看成一个过程,而不是一个开业仪式,因为仪式的时间很短,很快就结束了。开业仪式只是整个开业过程的一个环节。

这样做的目的就是让一家新店可以长时间、多层次、通过不同的方法接触和吸引顾客。顾客看多了,接触多了,对一家店和店里的产品就会产生信任。

如同在试营业章节里介绍的那家花店一样。在预热阶段，顾客就至少三次接触到这家还没开张的店：第一次是地推，第二次是微信里的问候，第三次是开业前的开业时间提醒和活动提醒。

然后是试营业期间的活动，加上朋友圈里发的动态，整个过程加起来早已超过了 7 次接触。

顾客对待一家新店的态度，既有好奇，又有抵触。只有通过多次的接触，他们才会慢慢放下防备，由路人变成顾客，再变成店里的铁杆粉丝。

简单说，在影响顾客认知方面，"七次法则"告诉我们：**力度大的一次活动，不如力度小的多次活动，因为只有多次才能加深印象。**当然，我的做法是既有一次大活动，又有很多次小的活动。有的老板开业时做了一次活动，后面就什么也不做了，等着顾客上门，顾客不来，就宣告失败。这样开店就是没有尊重开店规律。

上了新品也是一样的道理，如果你想让新品有所作为，那就要尽量多方位多角度多渠道地展示这个产品。

我们的一次新品上市做得很成功：产品还没有做出来的时候，就在朋友圈里预告；然后展示产品研究的过程和遇到的困难；产品出来后，征求名字和价格建议；接着是产品上市前的免费品尝，收集反馈；正式开卖后，再做活动，还可以安排顾客发朋友圈集赞。

12.2 看到宣传问题背后的问题

下面先看看社群里一位美容店老板的案例：

老陈，我是从事美容行业的，最近开了一家美容店。

店附近消费水平一般，因此各种项目价格定得不高；店内装修风格简单大方,收拾得也算整洁。

上个月开始接待顾客,主要是试营业,我的店是家庭工作室,开在居民小区中间一栋楼的一楼,这样客人不用爬楼梯。

我在阳台窗户上装了电子灯箱,其他窗户上也贴有大号广告字,宣传单也发了,但引流效果还是不明显。我就买了气球等小玩具作为引流工具,吸引孩子家长加微信好友,并推出了朋友圈转发到店领礼品的活动,但效果还是不好,请问老陈在这种情况下我该怎么拓客?

下面是她店里的宣传单页。

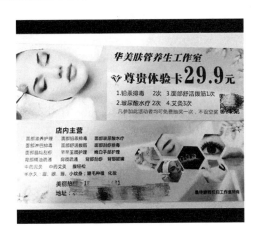

最开始,我的焦点也是放在这家店的宣传方式和力度上,如同这位老板思考的一样,她也觉得是自己的宣传方式出了问题。直到我看到她的宣传单页后,**我觉得首先要调整的不应该是宣传方式或活动力度,而是要对产品进行重新定义和梳理。**

她的宣传单页给我的感觉是这样的:这是一家很普通的店,跟别的美容店差不多;都是普普通通的项目,她家有的别家也有;没有主营特色,没有"独特卖点";位置还很偏,在小区里面,给人感觉很不正规。

为了对比说明,看看下面这个餐厅的宣传单。你如果饥肠辘辘地走在街上，看到这张宣传单页，会很有欲望尝试一下。因为通过这张宣传单页，一秒之内你可以知道这家店有个招牌菜——辣椒炒肉，很香，很下饭。这是老板的自信，这种自信会感染顾客。顾客做决策时是需要信心的。

宣传单页不仅仅是单页，更是一家店的运营思路的表达：反映出来的是这家店有没有核心竞争力，有没有独特的卖点，有没有跟其他人不一样的地方，有没有从顾客认知的角度考虑宣传问题，老板有没有把握住问题的核心。

在宣传之前，一定要把一家店的独特卖点提炼出来。你不能说自己的产品都很好，都很好的结果就是毫无特色，令人失望。独特卖点需要满足下面三个条件：

一，你的产品确实做得不错，拿得出手；二，产品能够解决顾客某方面的痛点；三，产品品质最好是附近的竞争对手都难以做到的。

说一个极端的例子。我见过一个理发店，位置偏，环境也不是很好，几乎不做宣传，但是生意极好，每次去都排不上，需要预约。这背后的原因就是老板手艺超群，其他人代替不了。

所以，一个店生意不好的时候，如果宣传以后没有效果，那就要回过头来找找其他方面的原因，很有可能是产品或服务没有吸引力。

12.3 店面宣传不需要多少创意，需要的是细节和执行

我经常被问到的一个问题就是"小店该如何做宣传？"，很多老板花大量的时间和精力在宣传花样上，期望一战成名，效果却常不如意。

对于小店的宣传，我认为与其绞尽脑汁想宣传创意，不如提高执行能力，完善宣传细节。如果沉迷于玩各种花样，就会把简单的事情弄复杂，成本还会提高不少。其实，现有的宣传方式已经够用了，老板们缺的不是花样，而是缺少对任何一种宣传方式的细节的把控。

举个最简单的例子——宣传单，相信每家店都制作过宣传单，绝大部分老板只是到图文店把宣传单打印出来而已，至于上面的内容，大多数老板都不会深入思考，而只是让图文店的人按照通版制作出来，这样的宣传单转化率当然低。

来看看一张宣传单的主题（很多单页没主题）是如何精雕细琢的。

同一家店采用不同的标题，是否会带来不同的冲击力？

第一组：蛋糕店的推广单页广告标题

标题一：蛋糕店诚挚期待您的光临。

标题二：终于出现了一家只使用有机糖、面粉、牛奶和鸡蛋的蛋糕店！

第二组：灯饰店的活动促销广告标题

标题一：灯饰城店庆大放价！

标题二：你是否愿意花平时 40% 的钱获得从不降价的高品质灯饰？

显然，标题二更具吸引力和诱惑力，相应的转化率也会高一些。

一张宣传单发给谁，也会直接影响转化率。如果你去发单，会发给谁？当然不能见人就发，而是要发给自己的目标顾客。把发单落实到发给谁，就是执行的细节。

12.4 如何设计出一张不被丢进垃圾桶的宣传单

本节谈谈宣传单如何设计和分发。

这里说的设计不是关于色彩、线条、造型等的平面设计，而是说如何把老板想说的、想表达的放在一张小小的纸张上，顾客看到这张纸后，能在很短时间内明白老板想要说啥，自己采取什么行动，可以得到什么益处。

设计一张宣传单要考虑以下两个因素：

第一，明确宣传单是给谁看的。这个特别重要，给不同的人，宣传单的主题应该是不一样的。我的第一家店在后厨出品稳定后，为了打开局面，印了5万张宣传单，派发给周围3公里内的潜在顾客。当时的潜在顾客又可以细分为3类不同的人群，为此，我设计了3种宣传单：

- 针对写字楼的工作人员。宣传单的主题就是出餐快、便宜、量大。
- 针对附近小区的居民。宣传单的主题是广东地方风味美食，吃地道的广东肠粉。
- 针对附近一个大型医院的人群。宣传单的主题是健康、卫生、清淡，主打广东养生汤。

这5万张单子发出去之后，营业额从当时每天三千元左右，直接提高到了七八千元的水平。那时候还不流行在微信朋友圈宣传，只有发传单这种单一的推广方式，可见宣传单的效果非常不错。

第二，设身处地地考虑目标顾客接受宣传单时的场景。这点也很关键，一个人行色匆匆地走在路上是一种场景，百无聊赖地刷着手机也是一种场景。不同的场景，对信息的接受程度和接受方式是不同的。

老板在设计宣传单的时候要考虑宣传单是准备在什么情况下发给你的潜在顾客。还以上面的那3种宣传单为例，细分人群接受单子的场景分别如下：

- 针对写字楼的。我都会安排人在 10:00—11:30 到写字楼的各个办公室里发单，如果进不去写字楼，那就安排人在 11:30 左右在写字楼门口发单。这个时间点写字楼的办公人群肚子开始饿了，想着吃什么，此时刚好来了一张宣传单，他们感兴趣的概率会大大增加。
- 针对附近小区的。不在小区门口发，因为大家急于回家或出门，一般不会接单，我更喜欢把单子直接塞到各家各户门口，或者夹在门把手上。人们回来时一般都会先瞧瞧是什么东西，感兴趣的就会留下单子。如果刚好肚子也饿了，可能顺便拿起单子就点了。
- 针对医院的。医院里的目标顾客有两类人，一类是医生护士，一类是病人和家属。对于医生护士，我会到办公楼发单，把他们当白领看待。对于病人和家属，则会在饭点前发到他们床头。

12.5 实体店的线上宣传和推广

现在一家实体店的生存和发展是离不开线上业务的，如果开店的老板们还是希望纯粹依靠线下店面的流量来做生意，会越来越艰难。你不做，你的竞争对手在做，顾客还没有到你的店门口，就被竞争对手抢走了。

所以，实体店的线上推广和宣传越来越重要。那么，有哪几种线上宣传渠道，它们的特点是怎样的，要注意哪些事项？

主要有以下四种主流的渠道：

第一，本地公众号大号发软文推广。

只要是稍微有点实力的店，都有必要找当地的公众号大号做宣传，只要投放的渠道精准，软文写得好，老板舍得投入，生意火爆是很容易做到的事情。

很多网红店突然红起来，就是凭借着大号宣传的作用。无论是新店开业，还是新品上市，第一波资源都可以集中在本地吃喝玩乐类的公众号上。

一般情况下，本地生活号的粉丝都非常精准，活动设计得好，转化率也较高。不过，大号的费用也不菲，一般是根据文章的阅读量来收费，平均0.5元一次点击。

公众号大号宣传可以让你的店一夜成名，但是很容易来得快去得也快，而且极其考验你的接待能力和留存能力。如果一家店的内功没有练好，就大肆宣传，很容易适得其反。

第二，从各种自媒体新平台引流，比如小红书、抖音、快手这些年轻人喜欢的平台。直播也是值得大家考虑的一种方式。

各地都有这样的店，就因为某支有趣的短视频在某个平台先红起来了，接着店里生意就火起来了。曾经红极一时的答案茶就是这种例子。

不过，这种店生命周期一般比较短，因为太容易模仿了，经常是一两个月后就会有一模一样的竞争对手。

但是，在这些平台上的宣传作为一个店的日常促销手段也是可以的，需要老板主动引导顾客参与，比如常见的"拍抖音，送某某产品；点赞达到多少，可以减扣多少现金"等活动。

第三，引导顾客在微信朋友圈推广。

这也是常见的线上宣传方式，而且往往更有杀伤力，朋友圈里的朋友推荐因为口碑效应转化率会更高。

朋友圈推广有以下两种方式：

一种是线下顾客消费的时候鼓励发朋友圈，可以给予奖励或折扣。

一种是纯线上的，常见的就是集赞活动。几年前只要做了集赞活动，营业额会比平时高40%~50%，微信好友数目也会增加很多。现在因为做的人多了，效果差了些。

第四，第三方平台的引流。

常见的平台就是美团团购和大众点评网，现在的外卖平台也可以为线下引流。

我只要是开新店,都会有美团团购的工作人员打电话问我要不要做团购。如果你是新店,生意不好,或者位置比较偏僻,那么就可以考虑做第三方平台引流。

这些平台有着巨大的流量,一个店早期可以利用这些平台提高知名度,让更多顾客到店体验。但是一定要注意,务必把这些平台引来的新客变成自己店里的用户,要留存到店面的微信里,以后方便直接沟通。

以上是几种有效的主流线上宣传渠道,各位老板可以根据自己的能力和生意的特点,做好其中一两个。

假如开店就是一场战役的话,实体店是地面部队,线上宣传就是空军。现代战役,空军一般都会走在地面部队前面,而且随时为地面部队掩护。要开店,掌握"制空权"越来越重要了。

宣传活动案例一:一个提高了30%营业额的宣传活动

这是社群里一位老板操作的一个比较完整的宣传活动,活动过后,营业额提高了30%。下面介绍活动内容。

满月特惠活动:

1. 活动时间:4月6日—4月7日
2. 活动主题:满月特惠!
3. 活动内容:为庆祝本店开业满月,特于4月6日—4月7日两日开展满月特惠活动(见右图)。

具体操作如下:

开始营业—15:00 9折

15:10—17:00 7折

17:00—19:00 5折

19：00—20：00　3折

20：10—21：00　1折

活动规则：

活动仅限储值会员（所有储值会员均可现场开通）。活动期间，活动商品每人限购一个，只可堂食不可外带，活动商品售完即止。

活动过后，老板分享了活动的情况并进行了总结：

各位朋友，陈老师，向大家汇报一下这两天活动的情况。

因为我们是会员餐厅，所以想通过做这个活动获取一部分充值会员，并通过商场的宣传渠道对我们做一个宣传，这是做这次活动的目的。

这次活动主要是根据时间段做阶梯式折扣，从9折开始，最低1折。这次活动表面上看是赔本赚吆喝，但从中我得到了自己想要的东西。

活动总结：

1. 效果：活动后的20天内，营业额平均提高了30%。我估计有一部分是活动充值带来的后续消费，一部分是通过活动宣传、口碑传播带来的新流量。

2. 做这个活动的起因是我们这个初来乍到的店铺虽然位置很好，但是因为紧挨着小吃城，生意很差。所以我们希望以"会员制"的方式锁定我们的目标顾客。

3. 确定了增加会员这个目的后，我们推出了限时折扣活动（最低1折），但享受折扣就必须要在会员卡里充值。这里面有两个难点：

（1）怎么让顾客不反感，不觉得我们的活动是搞噱头。这里介绍活动的方法是关键：销售人员不刻意向顾客推活动，只询问顾客"您是会员吗？今天会员卡结账有活动，最低1折"；

（2）怎么让顾客不排斥。我们把充值金额下限定得很低，基本上就是两顿饭的金额，一般人都能接受。

(3)通过活动把会员加进来是第一步,后续会做常态化的会员运营工作。

宣传活动案例二:好活动能留住客人,增加顾客回购率

这是一家便利店的活动。活动总体来说很不错,值得借鉴。

"全场满 10 元返 10 元代金券",便利店的利润本来就不高,这个力度算是很大了。

顾客看到这个宣传,都会眼睛一亮,心里一算,相当于打 5 折,绝对划算。

事实上没有这么简单,折扣也不会这么低,要享受这些折扣要做以下事情:

第一,要关注他们的公众号,注册成为他们的会员,才能享受这个活动。

第二,进入会员中心领取此次活动的电子券。电子券是两张,每一张 5 元面值,消费满 10 元可用,且当天不可用。

第三,两张券有不同的用途,一张针对全场产品,另一张只针对鲜食,而且有效期是一个星期。

这个活动好在哪里呢?

- 活动力度看起来很大，但其实不大，顶多算是第二份半价。
- 活动可以大幅提高回购率，因为下次买东西用券可以立减5元。一次活动可吸引顾客三次进店。
- 活动可以促进特定商品的销售，这里老板是想促进鲜食的营业额。
- 留存了顾客的个人信息，使顾客成为店的会员。

一个成本只有10元的活动能有这么多好处，当然很值得做。

很多老板很怕做活动，因为做活动就意味着要损失利润，觉得顾客占了便宜，但其实如果有目的地做活动，并且活动经过科学设计，商家也能占到顾客"便宜"，实现双赢，商家和顾客各取所需。当然，占便宜说起来不好听，有个更人性化的表达：交往更密切了。

商家和顾客的关系，与人跟人之间的关系有类似之处。

我店里上新品前，都会请部分微信里的会员顾客免费吃，试吃后只需要给点建议就可以，没有其他条件。但每次顾客都会给予我们更多回馈，不仅很认真地给建议，而且会努力地帮我们宣传推荐。

经营生意的背后，是在经营关系。

第 13 章

"草根"的逆袭之路

13.1 没钱、没才、没资源的我们还有出路吗

跟大家分享几点开店的策略性发展思路,适用于大部分没钱、没才、没资源的"草根"开店人。

一个是避开竞争,一个是单点突破,还要善于等待。

先说避开竞争。

就我个人来说,我先开始是在上海开店,开店失败后到一个五线城市开店,然后现在又在一个二线城市的郊区开店,选址也是别人都看不上的地方。

这不是随意而为之,而是出于有意规划和坚持。

在上海的第一家店失败之后,我就突然意识到,要生存下去也许就要走"农村包围城市"的路线,于是到五线城市发展。小店虽小,但很成功,在那待了两年多的时间,后来因为子女教育问题又到了现在的二线城市。在选址时候,我爱人因为前面店开得不错,大胆了很多,建议我到市中心看铺

子。不过,后来我还是选择在郊区。我内心深处还是在坚持"农村包围城市"的路线。

后来开的三家店都是别人看不上的位置,房租很低。有两个铺子房租涨了好几年了,也还不到3000元一个月,最高的也就4800元一个月。这样做的好处是:可以让我尽情试错,竞争也相对少;可以让我尽情发挥,开店的"胜算"会比较大。

试错空间大,竞争少,这就是在"农村"发展的福利。

不得不说,这些年的开店经历告诉了我"农村包围城市"路线的强大生命力。跟大品牌大企业相比,我现在虽然还不算成功,但是起码我站稳了脚跟,过上了正常的日子。所谓"星星之火,可以燎原",看得到希望,就很幸福。

当年的中国革命走的就是"农村包围城市"的道路。毛主席很早就意识到在中心城市和对手硬碰硬对抗,胜算小,但是在对手力量相对薄弱的农村和小城镇等对手相对放松和忽略的地方,胜算更大。而且在这些地方,人民渴望翻身的愿望更为强烈。中国革命的胜利证明了这条道路的正确性。

很多大品牌的发展之路走的也是农村包围城市的路线。比如国产品牌吉利汽车,2019年销量达136万辆,在国产汽车品牌里排名第一。吉利最开始就是地地道道的"农村用车",在农村和城乡接合部才见得着。但是有什么关系?吉利现在收购了沃尔沃、宝腾,又成为奔驰的最大股东,在全世界攻城略地。相信在不远的将来,吉利就会成为全球最重要的汽车品牌之一。

大家熟知的华为,早些年也是依靠乡村和县镇市场起家的,最初进入国际市场也只在亚非拉第三世界国家/地区卖电信设备。但这有什么关系,如今华为已经成为世界第一的电信设备供应商,而且5G技术领先全球。

类似的例子还有很多。给我们开店新手的启发就是:如果你实力不够,产品不是那么强,自身能力不是很突出,手里钱又少,各方面都不如人,那也不用绝望,我们还是有逆袭之路的。那就是被实践证明过的"农村包围城市"的突围之路。

13.2 突围方法论:"草根"逆袭,只能靠实力

我有两个看似矛盾的观点:

第一,决定胜利的是实力,实力弱的一方会败给实力强的一方。老板们要踏踏实实地修炼自己的基本功,不要指望着靠一个点子、一招半式或奇谋巧计来打败别人。

第二,实力弱的一方也不必气馁,可以走前面讲的"农村包围城市"路线,在局部创造优势,采用所谓的"集中优势兵力打歼灭战"的策略。

毛主席曾经说过:"我们的战略是'以一当十',我们的战术是'以十当一',这是我们制胜敌人的根本法则之一。"

这句话其实就是说"要集中优势兵力打歼灭战"。

很多人对红军的印象还停留在"小米加步枪"的形象上,以为红军四次反"围剿"的胜利是以少胜多的奇迹,是实力弱的一方打胜仗的典型。

实际上恰恰相反。总体上,红军确实人少,装备也落后,但是在反"围剿"的一次次具体战斗当中,红军会调动部队,把分散的军力放到一处,造成战斗中的优势兵力,对敌各个击破。打胜仗是因为实力,而不是靠奇谋巧计,更不是靠运气。

到这里,各位读者也许能理解上面两个看似矛盾的观点实际上说的是一回事了吧。

实力决定了最后的胜利是一定的,古今中外都如此。但是要分清楚整体的实力和局部的实力。"草根"之所以可以逆袭,是因为在整体实力比较弱小的情况下,通过把分散的力量集中到一点,让这一点变得特别强,让这局部上的实力远远超过对方,保证这一点取胜。

局部的胜利重要么?很重要,因为局部的胜利多了,就会改变整体的形

势，所谓量变会引起质变。局部的这一点就是星星之火。

再回到"小而美"的开店理念，为什么我说小个体老板开店要开小，而不是开大？

道理很简单，**小个体实力普遍都小而弱，但我们的竞争对手很多时候是大品牌，跟别人拼规模拼资金拼实力是永远拼不过的，那就需要"集中优势兵力打歼灭战"，把我们有限的能力、实力、资源集中到某个点上，在这个点上形成压倒性的优势。我常说小店生意要聚焦，不要想着什么都做，就是这个道理。**

任正非曾经说过，"在看准的业务上，华为会不惜使用范弗里特弹药量，对准同一城墙口，数十年持之以恒地攻击，形成压倒性的优势和毁灭性的打击。"看看华为每个阶段的发展都是如此，从早年的电信设备，到后来的手机业务，再到后来的 5G 业务，华为对准不同时期的城墙口，投入的资源都数倍于竞争对手。

13.3 等待，就是开店的一部分

《华杉讲透孙子兵法》一书里面有三句话特别好：

第一，不能等待是巨大的性格缺陷。要懂得等待是战斗的一部分，而且是非常重要的部分。

第二，兵家的思想，讲究一战而定。战争不是打过来打过去，而是积蓄力量，等待时机，一战而定。

第三，真正最重要的工作有两项：一是准备，二是等待。

准备是自己的事，积蓄实力，操练兵马，鼓舞士气。

等待，是等待敌人犯错，等待时机出现。敌人如果不犯错，我们就很难赢。兵法的诡道，就是想方设法引诱对方失误。

开店也一样，开店不是今天想到开店，明天就去找店铺，后天就把店开起来了。这样大概率是失败的。

开店要有漫长的准备期。

甚至可以这么说，开店成功与否很大程度上取决于准备工作是否做得充分，是否在战争打响前，操练了"兵马"，打磨了"武器"，研究了策略，积蓄了足够的能量。

开店准备要做什么呢？当你有开店的想法之后，有五件事可以做：

第一，确定是不是真的要开店。读完了这本书，应该对开店有了一些基本的了解，起码知道开好店不是一件容易的事情。想一想，自己是不是要过跟以前完全不一样的、更有挑战性的生活。

很多人有开店的想法，但是未必每个人都适合开店。你是心血来潮，还是决心从零开始创立属于自己的事业，迎接命运的挑战？要想清楚自己想开店的动机。

第二，想清楚自己要进入的细分领域。选择大于努力的道理大家都懂，做起来却很容易忘记。选择了不同的生意，就选择了不同的生活，即使在餐饮这个大类别里，也有很多细分。

一开始，你也许不知道各个行业细分领域的特点和问题，那就需要找业内人士了解，甚至进入这个行业的某一个环节工作一段时间进行更深入的了解。

第三，要打磨好产品。产品就好比打仗时的武器，是如此重要；但是把产品做得出众又是如此之难，导致很多人会放弃，在没有好产品时就仓促上阵。据我调查，在开店失败的案例里，没有拿得出手的产品的情况占了至少一半。

第四，更加深入地认识自己的潜在顾客，理解他们需要什么。有些事情一定是需要时间才能理解的，理解顾客需求就是这样，非得花长时间的观察、揣摩、对比、分析、总结，才能做到点子上。只有到这种程度，对开店才有指导意义。

这里也包括对竞争对手的分析，研究竞争对手是理解顾客需求的一个有效途径。

第五，了解一个城市的商圈、商场、主街道、人流走向、人群结构，这是为选址做准备。一个好位置，一出来就可能没有了，没有多少时间给你蹲点数人流。看到一个店铺如何迅速决策？这就需要你在选址前做足功课。

那开店准备要多长时间？**我觉得至少需要一年时间。**

你想开店了，告诉自己别急，让自己先进入"开店准备"阶段，对照上面的五件事一件件做。如果你觉得差不多了，基本上一年就过去了。

这个时候，因为你对自己，对市场，对顾客，对产品，对竞争对手都有了更深层次的了解，一个店的轮廓也就出来了。